学校教育

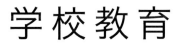

国民国家型教育システムから

資質・能力重視教育システムを経て

持続可能社会型教育システムへ

諏訪 哲郎

三恵社

目次

目次・・・・・・・・・・・・・・・・・・・・・・・1
はじめに・・・・・・・・・・・・・・・・・・・・・3
序章　本書の概要と三つの教育システム・・・・・・・6
第1章　国民国家型教育システムとその変容・・・・・14
　第1節　国民国家型教育システムの成立とその特色・・14
　第2節　国民国家型教育システム成立時以降の社会
　　　　　の変動・・・・・・・・・・・・・・・・・16
　第3節　1970年代以降の社会構造の変化と国民国家型
　　　　　教育システムの変質・・・・・・・・・・・19
第2章　「資質・能力重視教育システム」の特色と課題・・24
　第1節　「資質・能力重視教育システム」の特色・・・24
　（1）教育方法・26　（2）学習内容・31
　（3）指導者・32
　第2節　「資質・能力重視教育システム」に付随する
　　　　　大きな課題・・・・・・・・・・・・・・・36
　（1）「社会の形成者」意識・36　（2）いじめ問題・41
　（3）少子化と新自由主義・45
第3章　「持続可能社会型教育システム」への道筋・・・49
　第1節　持続可能な社会の構築をめぐる国内外の潮流・49
　（1）国際的な潮流・49　（2）国内の潮流・52
　第2節「持続可能社会型教育システム」の要点・・・55
　（1）持続可能な社会形成への参画・55
　（2）地域の人々の関与拡大と教員の役割の変化・58
　（3）コーディネーターとしての専従者の養成と配置・60
　（4）共有すべき理念・62　（5）普及の方策・63

第3節　学びの基層をなす感性・体験の獲得と課題・・64
　　（1）学びの基層をなす感性と体験・65
　　（2）教科の授業時間の硬直化・肥大化・68
　　第4節　総授業時数削減のためのいくつかの方策・・・72
　　（1）日本のゆとり教育推進期の授業時間数削減・74
　　（2）地方や学校の裁量権拡大による削減・75
第4章　すでに始まっている「持続可能社会型教育
　　　　システム」への動き・・・・・・・・・・・・・78
　　第1節　地域の学校から社会変革を目指す「地域・教育
　　　　　　魅力化プラットフォーム」・・・・・・・・79
　　第2節　学校教育を後押しする日本環境教育フォーラム・90
　　第3節　21世紀に求められる「対話力」を重視する
　　　　　　北杜市立長坂小学校・・・・・・・・・101
　　第4節　韓国環境教育学会が提起するEEfS必修化構想・109
おわりに・・・・・・・・・・・・・・・・・・・・・・119
補論　世界の各文化圏の合計特殊出生率から見える少子化の
　　　根本要因・・・・・・・・・・・・・・・・・123
注・文献・・・・・・・・・・・・・・・・・・・・・132
付録　未来の教育ショートストーリー：20X0年の日本の社会
　　　と教育・・・・・・・・・・・・・・・・・135

はじめに

『学校教育3.0』？

読者の多くはこの本の書名を見て「いったい何？」と感じられたことであろう。

しかし、「いよいよ学校教育も3.0なのか」と受けとった方もおられることと思う。

「3.0」には、産業界を中心とするいくつかの分野で、持続可能性を志向する新たなステージに付された合い言葉的な意味合いが生じている。したがって、『学校教育3.0』とは、持続可能な社会を目指す学校教育システム、すなわち「持続可能社会型教育システム」を意味する。

マーケティングの神様と言われるフィリップ・コトラーが約10年前に「マーケティング3.0」の概念を提示した[1]こともあって、産業界にも「持続可能性こそ最優先課題」という認識が広まりつつある。コトラーは、マーケティング意識が誕生した19世紀末の製品主導のマーケティングを「マーケティング1.0」、その後、20世紀後半に主役となった消費者志向のマーケティングを「マーケティング2.0」とした。そして、これからの持続可能性志向が求められる時代のマーケティングを「マーケティング3.0」[2]と位置づけて、企業が目指すべきマーケティングの在り方を示した。CSR（企業の社会的責任）についても、流行としてのCSR1.0から戦略としてのCSR2.0を経て、持続可能性を追求する本質としてのCSR3.0に向かいつつあるという[3]。

そこで、学校教育の世界も決して遅れをとっているのではなく、しっかりと持続可能性を志向していることを強調したいという思いもあって、『学校教育3.0』という書名を選択した。

「学校教育1.0」というのは、19世紀後半から始まった国家

にとって有意な人材を大量生産するという「国民国家型の教育システム」である。それに対して、日本の場合は1970年代の半ばから、個人の資質・能力を追求する「資質・能力重視教育システム」ともいうべきものに移行しつつある。それが「学校教育2.0」といえる。しかし、社会の持続可能性の危機が迫る中で今まさに誕生しつつあり、これからはその方向に向かわざるを得ない「持続可能社会型の教育システム」が学校教育3.0に相当する。ただし、本文では、部分的な引用でも理解してもらえるように、「学校教育1.0」「学校教育2.0」「学校教育3.0」という表現は用いず、「国民国家型教育システム」「資質・能力重視教育システム」「持続可能社会型教育システム」という言い方を使う。

　「学校教育2.0」と「学校教育3.0」の大きな違いは、学校教育2.0では「資質・能力」という「個人」に焦点が当てられているのに対し、学校教育3.0では「社会」に焦点が当てられているという点である。2030年を視野に入れた次期学習指導要領が、「社会に開かれた教育課程」を目指し、「持続可能な社会の創り手」を育もうとしているのは、社会の大きな動きをしっかりと認識して、これからの社会に求められている学校教育3.0を目指そうとしているものと筆者は受け止めている。

　「まさにこれこそ学校教育3.0だ!」と感じて本書で取り上げたその具体例は、いずれも学校と学校外とのしっかりした連携を目指す動きであった。つまり、「学校教育3.0」とは、学校だけで創れるものではなく、学校外の人々、団体、組織、企業の大きなサポートがあってはじめて実現できるものであることを改めて認識することとなった。

　あらかじめ誤解のないように述べておくと、本書で「これからは学校教育も3.0だ」と主張するが、学校教育1.0や学校教

育 2.0 との関係を、図 1 のように捉えている。つまり、学校教育 2.0 は学校教育 1.0 を内包しつつ成立するシステムであり、同様に、学校教育 3.0 も学校教育 2.0、さらには学校教育 1.0 を内包するシステムである。ただし、学校教育 2.0 は学校教育 1.0 を包含するとはいえ、進化の過程にある学校教育 2.0 がさらに進展した段階では、学校教育 1.0 の構成要素の一部は表舞台から消えてしまうであろう。同様に、学校教育 3.0 がある程度進展すると、学校教育 2.0 の構成要素の一部は影を薄めることになり、学校教育 1.0 の構成要素はより一層希薄となる。

　また、子どもたちを「学校」に縛りつけておく時間を決して増やすべきではない、という点も本書で重視する主張である。従って、学校教育 1.0、2.0、3.0 の相互関係を図化すると、図 1 の右側の上段（A）ではなく下段の（B）を目指すべきである。この点は、最初に明確にしておきたい。

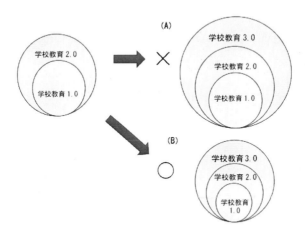

図 1　「学校教育 1.0」「学校教育 2.0」「学校教育 3.0」の相互関係

序章　本書の概要と三つの教育システム

　次世代を育む「教育」という大きなシステムが、社会の大きな変動と科学技術の発展、そして何よりも持続可能性の危機を背景として大きく変わろうとしている。現時点ではゆっくりとした動きであるが、改革の動きは世界中で起こっており、今後、加速するものと思われる。

　共創型対話学習研究所所長の多田孝志は、「進行し始めた教育の改革は、道具の使用、農業の起こり、文明の発生、科学の発見等に匹敵する人類史上の大転換」と私信で記された。筆者もそれに近い予感を持っている。佐藤学は、ベルリンの壁の崩壊前後からヨーロッパを中心に始まった学習者中心の学びの拡大を「教室の静かな革命」と名づけた[4]が、その後のESD（持続可能な発展（開発）のための教育）やSDGs（持続可能な発展（開発）目標）のゆっくりではあるが着実な浸透などを見ていると、今進行している教育の改革は、学習方法から教育の在り方全体に及び、社会の構造を大きく転換させるきわめて重要な動きになる可能性を感じる。逆に、そのような大転換を実現させなければ、人類にとっての持続可能な未来は構築できないのではないかと考えている。

　なお、本著では、このあと何度かESDやSDGsに言及する。両者に共通するSD=Sustainable Developmentの日本語訳として「持続可能な発展」が正しいか「持続可能な開発」が正しいかについては意見が分かれる。筆者は「発展」を支持しており、その理由を論じたことがある[5]。しかし、以後の記述では、原則と

して、すでに定着してしまっている「開発」を用いる。

　教育改革は、様々な要因によって様々な力が働いて進行する。具体的、個別的な教育施策として進められたり、教育現場における教育方法の革新という形で徐々に進行したり、地域と学校の連携の深まりとして進展したり、海外の教育改革の情報が影響を及ぼしたりと、その姿は多様である。他方で、改革の進行によって不利益を被る集団が改革の進展を阻止しようとすることも少なくない。

　日本の学校教育を大きく変えていこうという姿勢は、文部科学省の近年の動きにもはっきりと表れている。2016年1月に文部科学省は「次世代の学校・地域創生プラン」を公表し、2017年に地方教育行政法を改正して各学校に「学校運営協議会」を設置することを努力義務化している。また、同年に社会教育法を改正して、従来の学校支援本部から「地域学校協働本部」への移行を促し、「学校運営協議会制度」と「地域学校協働活動」の活発化によって、「地域に開かれた学校」からさらに一歩踏み出した「地域とともにある学校」への転換を目指し始めている。

　教育というシステムの大きな潮流を見た場合、その大転換には社会構造の大きな変動や教育を取り巻く環境の大きな変化が密接に関わっている。教育に求められるもの、すなわち教育の目的が大きく変わることによって、これまでにも教育の大きな潮流は変動してきたし、今後も変動していく。

　本書では、図2に示したように、19世紀半ばに誕生した「国民国家型教育システム」から「資質・能力重視教育システム」への教育システムの大きな変動が現在進行しており、さらに今後は方向を変えて新たな「持続可能社会型教育システム」に向かって進んでいくことは必然であり、すでにその動きが一部で始

まっていることを述べていく。

　第1章では、19世紀後半に成立した国民国家型の近代公教育を「国民国家型教育システム」と名づけ、その成立経緯や特色を簡単に振り返るとともに、この教育システムが、社会構造の大きな変化によって20世紀の第4四半期に大きく転換し始めたことを、その要因や変化の実態などについて述べる。システムと名づけたのは、多くの要素が相互に関連し合いながら、強固でまとまりのある姿を長時間保持してきたからである。

　続く第2章の前半では、日本の場合、1975年ぐらいからはじまった新自由主義的な教育施策や教育現場での革新、そして教育需要者の希望や期待などによって、「資質・能力重視教育システム」という新たな教育システムに向かいつつあることを述べる。

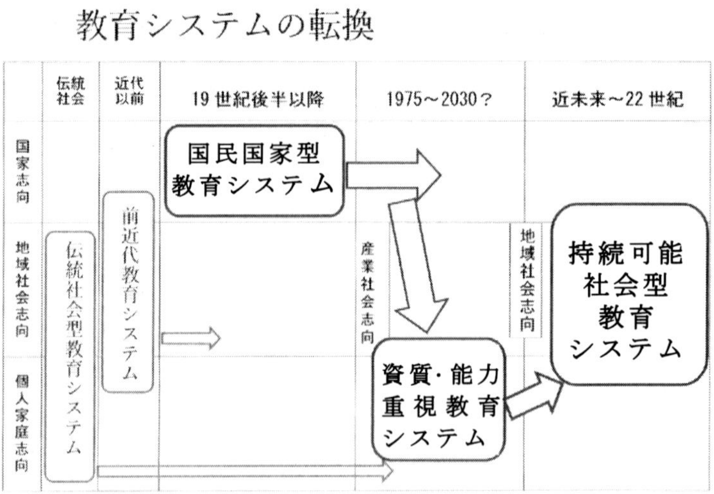

図2　教育システムの大きな変遷

序章　本書の概要と三つの教育システム

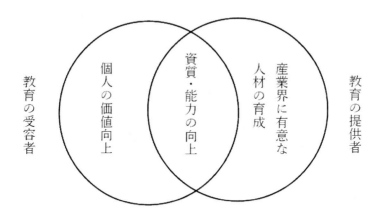

図3　「資質・能力重視教育システム」における目標と共通部分

　「資質・能力重視教育システム」という名称は、図3に示したように、教育の提供者として大きな影響力を有する産業界が求める「産業界に有意な人材の育成」という要望と、教育の受容者である児童生徒や保護者が教育に求める「個人の価値向上」という要望が、「資質・能力の向上」という共通の目標を有していることから用いたものである。
　「資質・能力重視教育システム」には「国民国家型教育システム」ほどの強固さやまとまり、時間的継続性はない。しかし、教育の提供者と受容者の綱引きの微妙なバランスのもとで、「国民国家型教育システム」とは異なった目的、方法、制度などの構成要素から成り立っている。次期学習指導要領における最頻出キーワードの「資質・能力」は、まさにこの教育システムを象徴している。
　第2章の後半では、「資質・能力重視教育システム」の特徴を

教育方法や学習内容を中心に述べる。社会の変動に適合できなくなった「国民国家型教育システム」からの離脱という意味では、この「資質・能力重視教育システム」は、大きな役割を果たしてきた。しかし、これからの社会の基本的な教育システムとして定着するには重大な課題が内包されていることをいくつかの具体的な問題を取り上げて述べる。個人の「資質・能力」を高めることは教育の基本と考えられがちであるが、再検討が必要である。

　第3章の前半では、まず、持続可能な社会の構築を目指す内外の動きを概観する。図4に示したように、教育の提供者と受容者の綱引きや相互依存を基調とする「資質・能力重視教育システム」が、生態的・社会的な持続可能性の危機が増大する中で大転換を迫られており、持続可能な社会の構築を柱とする新たな教育システムへの移行が不可避であることを述べる。

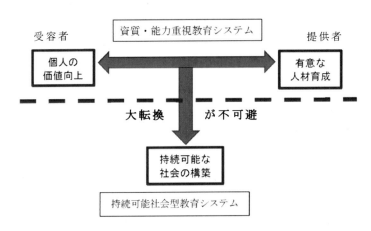

図4　資質・能力重視教育システムでの綱引きと
　　　持続可能社会型教育システムへの大転換

実はすでに世界全体の教育が持続可能な社会の構築を目指す方向に向かい始めており、その新しい「持続可能社会型教育システム」が、新しいシステムとして定着していくと可能性が大きい。日本の次期学習指導要領でも、少なくとも「前文」と「総則」にはその新たなシステムに向かおうという姿勢がはっきりと伺われる。

　第3章の後半では、「持続可能社会型教育システム」の要点を児童生徒の「参画」、地域の人々の関与拡大と教員の役割変化、プロジェクト学習の増大といった視点を中心に描出する。システムが有効に機能する上で求められる理念の共有や、普及の方策についても述べる。この「持続可能社会型教育システム」への移行のためにも、また、学びの基礎となる子どもたちの「感性」や「体験」を豊かにするためにも、既存の教科の授業時間数の削減が必要で、その削減を可能にする方策ついても言及する。

　第4章では、「持続可能社会型教育システム」への移行を牽引したり、後押したりしていると思われる4つの動きを紹介する。

　第1節で取り上げるのは地域・教育魅力化プラットフォーム。2017年3月に設立された一般財団法人で、本格的な活動はこれからであるが、その共同代表である岩本悠と今村久美が進めてきた地域と教育の密な連携や学校関係者以外の学校教育への関与、プロジェクト型学習の促進などを紹介する。また、コーディネーターの役割の増加と今後のコーディネーター養成の重要性にも言及する。

　第2節で取り上げる日本環境教育フォーラムは、1986年に始まった清里環境教育フォーラムから誕生した組織で、これまでは学校教育からは少し距離を置いた活動をしてきた。しかし、次期学習指導要領で「アクティブ・ラーニング」や「ワークショ

ップ」「ファシリテーション」といった、同フォーラムのメンバーが進めてきた「参加体験型学習」と深く関わる学習方法がクローズアップされる中で、学校教育を後押しするようなスタンスで学校教育への関与を強めている。

　第3節で取り上げる北杜市立長坂小学校は、持続可能社会で重視される「対話」学習を推進してきている。そのために多田孝志が主宰する共創型対話学習研究所と連携を深める一方で、多文化共生時代に適応できるように徹底的に学外者と子どもたちの接触の機会を増やして子どもたちの対話力を高めている。また、対話を進めるうえで不可欠となる幅広い知識を身に付けるように、読書教育に力を入れており、児童一人あたりの図書借り出し数は年間200冊を超えている。地域との密な連携と対話学習の強化は、持続可能型社会教育システムの求める方向性そのものである。

　第4節では、韓国環境教育学会の動きを取り上げる。韓国では1992年に告示された第6次教育課程で中等教育段階の選択科目に環境科目が開設された。韓国環境教育学会はその開設過程でも深く関与してきたし、その後の教育課程の改訂でも、世界の動向に対応した内容・方法を取り入れるように働きかけてきた。そして、最新の動きとして、これから見込まれる憲法改正を機に「環境学習権」を憲法に位置づけさせることで環境教育の必修化を目指す活動を活発化させている。

　「おわりに」では、小嶋祐司郎が提示した「これからの学校の学びのスタイル」を紹介しながら本書全体を振り返るとともに、未来学者のアーヴィン・ラズロの、持続不可能な現在の局面打開には文明の大転換が不可欠という指摘を取り上げ、そのための第一歩は教育システムの大転換であることを改めて主張

する。

　本書では本論の後には補論として「世界の各文化圏の合計特殊出生率から見える少子化の根本要因」を加えている。これは、第2章の後半で「資質・能力重視教育システム」が内包する重大な課題の一つに合計特殊出生率の低下を取り上げたが、そこで述べる「将来に対する不安」が合計特殊出生率低下の最大要因という推定を補強するものである。近年の世界全体の合計特殊出生率の低下傾向を確認するとともに、東欧・ロシア圏における1990年代の合計特殊出生率の急低下の第一の要因が、将来に対する不安に起因するものと考えられることを述べる。

　また末尾には、付録として「未来の教育ショートストーリー：20X0年の日本の社会と教育」を付した。そこでは、いわゆる学校教育は週4日で、もう1日は学校外の人々が運営する仮称「持続社会学校」が誕生しているという想定の下で、異年齢集団によるプロジェクト学習が展開されているという、持続可能社会型教育システムの一つの具体的な姿を描出してみた。

第1章　国民国家型教育システムとその変容

第1節　国民国家型教育システムの成立とその特色

　伝統社会においても、年長者が若年者に対して集団の将来を担うための能力や素養を育む教育は存在していた。前近代社会では、何らかの専門的な知識や技術を伝授したり、ある種の思想・信条・宗教を定着・普及させるための私塾や宗教学校のような教育機関も加わった。しかし、ほぼすべての国民に対して国家が学校を設けて教育を施す今日の公教育制度の基本的な姿は、19世紀後半に確立されたものである。産業革命による工業生産の増大で経済規模が拡大し、国家に役立つ人材を大量に養成する必要が生じた欧米の主要な国家では、1860年代以降国家が学校の建設や教員の雇用など学校運営経費の大部分を負担する公教育制度を整えていった。国家に有意な大量の人材を育成するために様々な仕組みが設けられ、完成度の高いシステムとして構築されたので、単に「近代公教育制度」というよりは、「19世紀国民国家型教育システム」という名称のほうが相応しい。ただし、名称としては長すぎるので、以下、単に「国民国家型教育システム」という。

　国民国家型教育システムでは教室の中に多くの子どもたちを集め、教師が黒板と教科書を使って時間割に沿って教科別に知識を注入する「大量生産型」の教育方法が採用された。また、知識の習得を強要する試験制度や指導にあたる教師を師範学校で養成する制度も併行して整えられていった。そのような国民国家型教育システムは日本にもほどなく導入されて1872年には

学制が敷かれた。第二次世界大戦後に独立した多くの新興諸国でも、国民統合と国家に奉仕する人材育成のために、次々と学校を建設して同様の教育システムの構築を目指していった。

国民国家型教育システムは、欧米や日本で確立してからすでに約1世紀半が経過しているが、システムとしての完成度の高さと強固さ、教育界の保守的性格などによってほとんどの国で今もなお原型をとどめている。例えば、学習内容を教科に分割して指導する教科別教育は、今もなお学校教育の基本中の基本と考えられている。日本の教員養成系大学でも教科教育と教科内容を専門とする教員が圧倒的多数を占めている。また、本来はランク分けを前提として存在していた「クラス」やその日本語訳である「学級」という言い方や、1年ごとに学年が上がっていく制度は、あまりに当たり前のものとして定着しているので、疑問に感じる人はほとんどいないのではなかろうか。

国民国家型教育システムの強固さのもう一つの源泉は、19世紀から20世紀を席巻した分析的・科学的な知との親和性が高いという点にもあった。分析的・科学的な知を基盤として発展してきた近代工業、物質の増産によって巨大化してきた産業界、そしてその産業界に大きく依存する政治・経済・社会体制。そのような体制が長期にわたって継続してきたことで国民国家型教育システムは、マイナーチェンジをしながらも根幹を変えることなく、世界中の学校教育の基本であり続けてきた。

このような国民国家型教育システムに対して、子どもの成長・発達などを軸に教育の在り方を追求する動きもあった。その代表的な存在がアメリカのデューイ（John Dewey, 1859-1952）で、彼の経験主義的な教育理論と教育実践は、20世紀初頭には日本や中国にも及び、新教育運動を巻き起こした。日本では、東

京高等師範学校附属小学校の訓導を務めた樋口勘次郎が1899年（明治32年）に『統合式　新教育法』⁽⁶⁾を著し、教科を統合した教育方法の有効性を主張したり、国家主導の管理教育を批判したりしている。時代が大正になると、「大正自由主義教育」と称される、子どもたちを中心に据えた教育実践が大きな高まりを見せる。例えば、明石女子師範学校主事の及川平治は1912年（大正元年）『分団式動的教育法』⁽⁷⁾を刊行し、今でいうグループ学習を活用したアクティブ・ラーニングの有効性を主張している。また、第二次世界大戦後の六三三制開始当初の公教育には、問題解決型学習が導入されている。しかし、国民国家に有意な人材を大量に育てるという教育目標が不動の地位を占める時代にあって、これらの動きが世界や日本の教育の主流になることはなかった。

第2節　国民国家型教育システム成立時以降の社会の変動

　完成度の高さと強固さを誇っていた国民国家型教育システムも、成立からほぼ1世紀を経過した20世紀の第4四半期に入ると、各国でほころびを見せ始める。その主たる要因は社会の大きな変化である。

　図5は日本の産業別就業人口の推移を示したものである。19世紀後半には70〜80%を占めていた第一次産業従事者が、1970年代には第三次産業従事者にトップの座を明け渡し、2015年には3.4%にまで低下している。同じ傾向は多くの先進諸国でも確認できる。

　家族の在り方も、150年前と現在では大きく違っている。1880年代の1世帯当たりの人数は約5人であったが、20世紀後半には核家族化が進み、2015年の1世帯当たりの人数は2.3人であ

第1章　国民国家型教育システムとその変容

る。学校を終えて自宅に戻り、ランドセルを玄関に放り投げて遊びに出ようとするカツオに、サザエさんは「宿題をやり終えてから遊びに行きなさい！」と手を挙げて叫んでいる。そのような姿は、半世紀前までは多くの家庭で普通に見られたが、今では学校からの帰宅時に家族がいるのは少数派であろう。

　物質文化という点での変化は特に大きい。日本の場合、第二次世界大戦後の物資の欠乏状態も1960年代の高度成長期には解消され、1970年代半ばには、電気冷蔵庫や電気洗濯機がほぼ全世帯に普及する（図6参照）。ほぼ同時期に高等学校への進学率も90％を超えている（図7参照）。

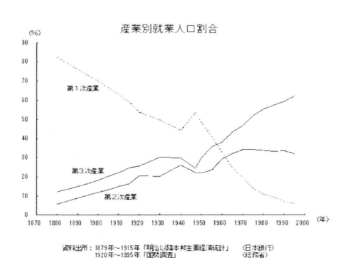

図5　産業別就業人口割合の推移
　　　http://www.research-soken.or.jp/reports/digit_arch/pop

17

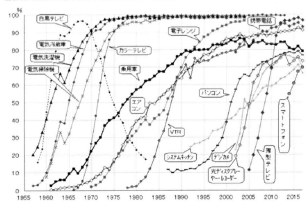

図6　主要耐久消費財の世帯普及率の推移
　　http://www2.ttcn.ne.jp/honkawa/images/2280.gif

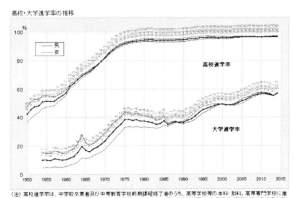

図7　高校・大学進学率の推移
　　http://www2.ttcn.ne.jp/honkawa/images/3927.gif

世界で年間1億台以上が生産・販売され、現在12億台以上が走っているガソリンエンジンの自動車は1885年に実用化されたものである。年間延40億人近くが利用している航空機もライト兄弟が有人飛行を成功させたのは1903年のことである。人々や物資の往来が150年前と現在とでは桁外れに違っている。このような社会の変化の大きさを考えた時、国民国家型教育システムが、いかに完成度が高く、分析的・科学的な知と親和性が高かったとしても、150年を経て今日まで原型をとどめていることは奇跡に近い。

しかし、1970年代半ばになると社会の大きな変化を背景として、国民国家型教育システムも変化を迫られることになる。

第3節　1970年代以降の社会構造の変化と国民国家型教育システムの変質

日本では1960年代は高度（経済）成長期と言われる。欧米諸国と肩を並べるような良質の製品の生産を目指し、欧米に追いつこうとした時代であった。日本では経済発展に伴って生活文化も急速に豊かになった。しかし、世界全体を見た場合、さらに大きな変動を予兆する変化が生じていた。エネルギーの主役が石炭から石油・天然ガスに移り、コンピュータ技術が着実に発展し、1969年にはアポロ11号で人類が月に到達している。その後の産業構造や社会構造の大きな転換の兆しが明確になったのが1960年代である。そして1970年代になると、国際的な貿易量が急増し、多国籍企業の活動が活発化し、グローバル化、情報化への流れが一挙に進展する。そして、産業界が求める人材が「大量の均質な人材」から「世界に通用する少数のハイレベルの人材と普通の人」へと変化していった。（図8）

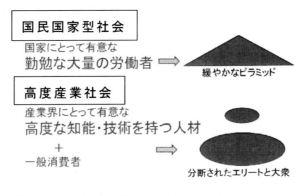

図8　国家や産業界における有意な人材の変化

　1980年代に入るとアメリカにはレーガン大統領、日本には中曽根首相が登場し、政治的にも経済的にも市場と競争を基本原理とする新自由主義が基調となっていった。

　このような社会の変化の中で、日本の教育システムも大きく変容していった。

　1976年に教育課程審議会が「ゆとり教育」を示唆する「小学校、中学校及び高等学校の教育課程の改善について」の答申を行った。1977年には各教科の指導内容を大幅に精選し、授業時数を大幅に削減した学習指導要領の改訂が公示された。文部科学省は、1960年代末に改訂した教育課程については「科学・産業・文化等の進展に対応し、また、海外における教育の現代化の動向等を考慮して、教育内容の充実を図ったものであった」[8]と説明し、1977年の改訂に対しては、「このときの改訂は「ゆとりと充実」というキャッチフレーズで有名になったが、それはゆとりのあるしかも充実した学校生活を実現するため」[9]と述べている。つまり、1960年代の改訂は、科学・産業・文化等の進展に対する国家的要請ないしは産業界からの要請への対応とい

うニュアンスが濃厚であったが、1977年の改訂は、教育の受容者の要望に寄り添った「ゆとりのあるしかも充実した学校生活」を考慮した改訂という説明をしている。

1968年に教育課程審議会から出された答申「中学校の教育課程の改善について」[10]には、「国家に対する理解と愛情を深め，進んで<u>国家の発展に尽くそうとする態度</u>の育成」（下線は筆者）という記述がみられる。しかし、1976年の教育課程審議会答申[11]では「国家の発展に尽くそうとする態度の育成」に代わって、「児童生徒の個性や能力に応じた教育が行われるようにすること」を前面に掲げている。特に高等学校については、「個人の能力・適性等に応じて選択履修を重視する段階として位置づけるのが適当である」という、教育の受容者側の選択権の拡大を示唆する記述が登場する。「国家にとって有意な人材の育成」を目的とする「国民国家型教育システム」からの離脱と、新たな「資質・能力重視教育システム」への移行の宣言とも受け取れる変化である。

「国民国家型教育システム」からの離脱を推し進めたという点では、1984年に中曽根康弘政権下で総理府に設置された「臨時教育審議会」が果たした役割は大きい。最終的には、「教育の自由化」を主張する第一部会とそれに反対する第三部会の対立の結果、「個性重視」や「国際化、情報化への対応」「生涯学習体系への移行」というレベルの答申にとどまったが、国民国家型の学校以外の学校の在り方が存在すること広く認識させることになった。

その後、学校教育の新たな在り方を示唆する提言や報告が続いた。例えば、1995年に経済同友会が提唱した「学校から「合校」へ」[12]は、①基礎・基本を修得する「学校」と、②学習を

発展させ情操を高める「自由教室」と、③自然や他人とぶつかる「体験教室」が、ネットワークで結ばれた「合校」という新しい学校のコンセプトを示している。教育の負担を家庭や地域、企業が分担して学校をスリム化しようという提唱で、これに対しては当時の日本教職員組合の幹部も賛意を示している。子どもたちが多様な集団の中で育つべきであることや、地域に蓄積されている教育資源を有効に活用すべきという主張など、コンセプトとしては、「持続可能社会型教育システム」と重なる部分が少なくない。しかし、提唱中に見られる「個性を生かす教育」や「アウトソーシング」「自由教室」などの用語からは、競争の容認と、その結果としての格差の拡大に対する容認の姿勢も伺われるので、目指そうとしているものには「持続可能社会型教育システム」と違いがある。

　また、1999年に当時の小渕首相の下に設置された「21世紀日本の構想懇談会」は、その報告書の中で社会を変革するための多岐にわたる提唱を行った。教育については、「教育の均質化と画一性の打破が必要」という観点から、「必要な知識や能力を身につけることを義務づける「義務として強制する教育」と、自由な個人が自己実現の手段を身につけることへの「サービスとして行う教育」を峻別し、前者は最小限のものとして厳正かつ強力に行う一方、後者は市場の役割に委ね、国は間接支援に」と述べている[13]。前者を週に3日、後者を週に2日とし、後者については国が給付するクーポンを使って民間機関で履修することも一案として示されている。子どもの教育、行動についての第一義的な責任が保護者にあることも明確に記されており、新自由主義的な教育体制を目指すべきことがはっきりと打ち出された報告である。

第 1 章　国民国家型教育システムとその変容

　「世界に通用する少数のハイレベルの人材」育成を求める産業界の要望は、「国民国家型教育システム」からの離脱を促した。しかし同時に、濃淡の差はあるが、新自由主義的な規制緩和、自己決定・自己責任、競争と格差の容認と無関係ではありえない。

第2章 「資質・能力重視教育システム」の特色と課題

第1節 「資質・能力重視教育システム」の特色

　「国民国家型教育システム」は国家に有意な人材の育成というわかりやすい目標を持っていた。それに対し、「資質・能力重視教育システム」の場合、教育の提供者と受容者の共通の目標である「資質・能力の向上」には思惑の違いがある。序章で述べたように、高度化した産業社会も、それを主要な基盤とする国家も、グローバル化や情報化などの社会構造の大きな変化の中で、それまでの「大量の均質な人材」よりも、「世界に通用する少数のハイレベルの人材」を求めるようになり、その要求が「資質・能力」という言葉の中に込められている。しかし、教育の提供者側が求めている「資質・能力」は必ずしも万人に求めているようには思われない。

　1969年に経済計画審議会情報研究委員会がまとめた『日本の情報化社会：そのビジョンと課題』は、情報化社会に求められる人材について「創造性の発揮のためには、記憶力がよく、事務的に優れた人間よりも、問題の本質を的確に把握し、常に問題を提起し、新たな分析を加え、新案を創出していけるような開発型人間」[14]であると指摘している。その後も経済界から発せられる要望は創造性の育成を基調としており、1996年に経団連が発表した「創造的な人材育成のための『5つの提言、7つのアクション』」の前文には、「来るべき21世紀において、豊かで魅力ある日本を築くためには、社会のあらゆる分野において、主体的に行動し自己責任の観念に富んだ創造力あふれる人材が求め

第2章　「資質・能力重視教育システム」の特色と課題

られる」と、「自己責任」という言葉が記されている。また、同じ経団連が 2000 年に発表した「グローバル化時代の人材育成について」という提言でも、学校選択制に関連して「教育側においても、競争原理が働くことにより、各学校による創意を活かした特色ある教育を推進できる」と記すなど、「競争の原理」の導入要請が随所に現れている。つまり教育の提供者側が重視しているのは、「創造性」という資質・能力を備えた人材の育成であって、そこに求められる主体性や自己責任を発揮できず、競争に勝ち残れない人々への配慮は希薄である。

　実際に、産業界からの「資質・能力」の向上という要請を受ける形で、スーパー・グローバル・ハイスクール（SGH）やスーパー・サイエンス・ハイスクール（SSH）が指定されるなど、これからの産業界にとって有意な人材の育成に結びつく教育施策が進められていった。知識注入型の教育方法に変えて、主体性やコミュニケーション能力を重視する学習者中心の学びへの移行も、21 世紀の産業界にとって有意な「資質・能力」という思惑が反映されている。

　「国民国家型教育システム」が分析的・科学的な知と親和性が高かったことを指摘したが、情報化とグローバル化そして AI 機能が急速に進んだ今日の産業界や経済・社会体制にとっては、それまでの分析的・科学的な知だけでなく、全体を見渡して判断するというような統合的・総合的な知が求められるようになってきている。このことも、国民国家型教育システムに依存し続けられなくなっていることを示している。

　他方で、教育の受容者には「個人の価値向上」という願望がつねに存在する。しかし、国家的な統制が徹底していた「国民国家型教育システム」の下では、「個人の価値向上」の実現は、高成

績、高学歴、高収入という教育提供者側が敷いたレール上を進む方向に限定されがちであった。しかし、1970年代ごろからは、その制約から開放される機運が生まれてきた。例えば1980年代には臨時教育審議会の中で「個性」を重視する議論が展開された。ただし、「個性」を発揮する方向に向かった教育受容者は少数派で、多数派は提供者側が準備した「資質・能力の重視」という路線を「個人の価値向上」に合致するものと捉えてそのまま受け入れ、積極的に反発する人は一部にとどまった。社会の大きな変化に対応できる資質・能力を重視する方向性は、「個人の価値」の向上を求める教育受容者側からも、おおむね支持されてきた。ただし、「ゆとり教育」の中で、学力競争から離脱していったり、ゲーム機器に没頭していった層は膨大であるので、教育を受ける当事者の「資質・能力の重視」に対する消極的反発は相当な規模で存在していた。

　進化の途上にある「資質・能力重視教育システム」には、今後も、新たな要素が付加されていくであろうが、「国民国家型教育システム」と比べてどのような違いが存在しているのかについて確認しておく。

（1）教育方法
　教師による知識注入を基本とする「国民国家型教育システム」からの離脱を象徴する「学習者中心の学び」は、デューイに代表される経験主義教育の影響で、1947年の「学習指導要領（試案）」にも取り入れられた。しかし、系統学習への回帰を求める力が上回り、1955年度の学習指導要領改訂で、「まえがき」[15]に「道徳的指導、あるいは地理、歴史、政治、経済、社会等の分野についての学習が各学年を通して系統的に、またその学年の発達段

第2章 「資質・能力重視教育システム」の特色と課題

階に即して行われるよう」という記載が登場して以降、20数年間、日本の学校教育の表舞台には立てなかった。

　しかし、1976年の教育課程審議会答申では、人間性豊かな児童生徒を育てるために「自ら考える力を養い創造的な知性と技能を育てること、強靱な意志力を養い自律的な精神を育てること」[16]が強調され、主体性を重視する方針が掲げられた。

　学習者の主体性重視は1987年の答申ではさらに強調され、「自らの意思で社会規範を守る態度を育てること、自律・自制の心や強靱な意志と実践力を育てること、自ら生きる目標を求めその実現に努める態度を育てること」「自ら学ぶ意欲と社会の変化に主体的に対応できる能力の育成を重視する必要がある」[17]という記述がなされている。1998年の答申に盛り込まれたて誕生した「総合的な学習の時間」は、「自ら課題を見付け，自ら学び，自ら考え，主体的に判断し，よりよく問題を解決する資質や能力を育てること」を中核に据えている。そして、次期学習指導要領に関する2015年の中央教育審議会答申では「アクティブ・ラーニング」重視が鮮明に打ち出された。

　「学習者中心の学び」は世界の教育の主流になっており、日本でもかつての教師主導の「知識注入型の教育」に取って代わる動きは急速に拡大している。「学習者中心の学び」が急速な広がりを見せている理由としては、「21世紀が求める資質・能力の向上に有効」という要素が大きい。つまり、21世紀が求める資質・能力は、従来の知識注入型で育まれる受け身の能力ではなく、主体的に物事に取り組む経験によって育まれる能力であるということが浸透してきているからである。情報化の進展によって、個人が頭脳の中に蓄積する知識の価値が相対的に低下してきたことも変化の背景にある。

2009 年の PISA 調査で、断トツの世界 1 位となった上海が、1990 年代半ばから従来の知識注入型の教育に替えて学習者主導の教育を導入していたことや、日本の学力テスト（全国学力・学習状況調査）の、特に応用力を問う B 問題において、「総合的な学習の時間」に学習者主導の課題解決型の学習にしっかり取り組んでいた学校の成績がよかったことなどから、「学習者中心の学び」が 21 世紀に求められる資質・能力の向上につながることは、すでに「証明済み」という感がある。

　1980 年以降、環境教育や国際理解教育、開発教育に対する社会的な要請が高まって、広がりを見せた。それらの新しい教育課題を視野に入れた教育の実践の場で展開されたのが参加体験型の学習であった。その参加体験型の様々な学習手法が学校教育の場にも応用されていったことが、「学習者中心の学び」の浸透に貢献したことも重要であろう。

　学習者中心の主体的な学びにも、落とし穴があることには注意が必要である。1977 年以降、学習指導要領の改訂ごとに 3 回にわたって学習内容と授業時間数を削減するという「ゆとり教育」を進めて、主体的な学習へ移行することを促した。しかし、学習内容と授業時間数を削減し、「ゆとり」を持たせた結果、一部の人はそれまでと変わらぬ学習を続けたが、学習の強制から解放されたと感じた人々は「学びから逃走」していった。その結果は図 9 に示したように、学習時間の二極化を招き、学力格差を拡大させてしまっている。教育社会学者の苅谷剛彦は、「ゆとり教育」が始まった早々から学習時間の二極化が起こっていることを指摘し、学力格差の拡大が階層格差の固定化を招く危険性を指摘してきた。

第 2 章　「資質・能力重視教育システム」の特色と課題

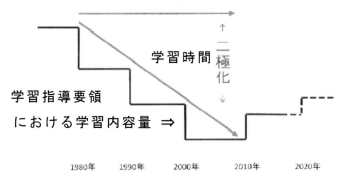

図 9　「ゆとり教育」による学習内容の変化と勉強時間の二極化

　「ゆとり教育」の旗振り役を果たし、「文部省のスポークスマン」を自認した寺脇研政策課長（当時）は、「みんなが 100 点をとれるようにした」と言いつつ、他方で「これからは子供の選択できる部分を広げ、同時に、学ぶ側の自己責任を問うていこうということです。自分で決定できなくては、責任も取れませんからね」[18]と、「自己決定・自己責任」という新自由主義的な論理を展開している。ゆとり教育で生じた自由な時間を、自分を磨くことに使うか無為に過ごすかは「自己決定」であって、その結果については「自己責任」ということであるが、「自己決定・自己責任」は、確実に格差を拡大させ、社会の不安定要素を増大させることにつながる。「自己決定・自己責任」の論理は、その後の「学校選択制」や「習熟度別学習」にも適用された。
　「ゆとり教育」が二極化を招いたという経験に基づけば、「主体性を重視した学び」や「学習者中心の学び」を導入する場合に

は、同時に落伍者を出さないための仕組みも併せて導入することが不可欠である。佐藤学が主導する「学の共同体」も、多田孝志が実践指導を重ねている「共創型対話学習」も、ユネスコスクール内で広がりを見せ始めた手島育夫の「学びに火をつける」学習も、「学習者中心の学び」を主軸に据えながらも、落伍者を出さないことを重視しており、そこに共通するのは、学習者同士の「協働」を重視する点である。

　よりよい社会をみんなで協力して作っていくための主体的な学びであることを、学習者にしっかりと自覚させることが肝要であったにもかかわらず、「自己決定・自己責任」を振りかざすばかりで、そのことから生じる様々な問題への配慮が十分でなかったことが、「ゆとり教育」の影の部分を大きくしてしまったと思われる。

　次期学習指導要領についての文科相による諮問やそれに対する中央教育審議会の答申では、当初アクティブ・ラーニングに対して、「課題の発見から解決に向けて自主的、協働的に学ぶ学習」という説明がなされ、そこでも「協働」が重視されていた。実際の次期学習指導要領では「アクティブ・ラーニング」がなくなって、代わりに「主体的・対話的で深い学び」となったが、そこでも「対話的」という言葉の中に協働性が込められている。

　学習方法について付言すると、科学技術の急速な発展に伴って、eラーニングや反転授業など、新しいタイプの学習方法が誕生してきている。資質・能力を重視する教育システムでは、資質・能力の向上に資するものはすべて積極的に受け入れるので、今後、ロボットや人工知能（AI）を活用した、これまでになかったよう教育方法が展開されるのは確実で、それももう直前に迫っている。

（2）学習内容

　大量の人材を効率的に養成するには、学習内容を系統的に分解して指導する「教科別指導」は有効である。しかも「教科別指導」は教科別の教科書や教科別の教員養成制度とスクラムを組むことによって今もなおも健在であるし、「資質・能力重視教育システム」においても、その基礎基本として中心的な位置を占めている。分析的・科学的な知だけでなく統合的・総合的な知が求められるようになってきた現在でも、資質・能力を評価する基準として、教科別の評価に頼らざるを得ないのは、PISAにおいても「数学的リテラシー」「科学的リテラシー」「読解力」がそれぞれおおむね「数学」「理科」「国語」に対応しており、全国学力テスト（全国学力・学習状況調査）についても「国語」と「算数・数学」で実施されていることに表れている。

　しかし、1980年以降、社会の変化に伴って教育課題は多様化し、従来の教科の枠組みに収まらないものが増加している。例えば、グローバル化に伴う「国際理解教育」、情報化に伴う「ICT教育」、生態系や社会の持続可能性の危機に対する「環境教育」、地域の持続可能性に求められる「地域学習」「ふるさと学習」などがそれらに相当する。これらの教育課題を学校教育に取り入れる一つの方法として、文部省（当時）は1998年度改訂の学習指導要領で「総合的な学習の時間」を導入した。「総合的な学習の時間」に関する学習指導要領での記述は、当初は640字あまりの短く簡潔なものであった。そこには「例えば国際理解，情報，環境，福祉・健康などの横断的・総合的な課題，生徒の興味・関心に基づく課題，地域や学校の特色に応じた課題などについて，学校の実態に応じた学習活動を行うものとする」という記述がなされた。これらのうち、「情報」については1998年

度改訂で高等学校に新教科「情報」が開設されている。また、2008年度改訂の学習指導要領では、それまでの中学校や高等学校における「総合的な学習の時間」の実態を追認するかのように、取り扱う課題の例示に、「職業や自己の将来に関する学習活動」といういわゆる「キャリア教育」が加えられた。

　「総合的な学習の時間」で強調されているのは、横断的、総合的な学習と体験的な学習で、今日の社会が求める資質・能力を育むには、それまでの系統的に分解された教科別の学習内容だけでは不十分という認識に基づいている。まさに、分析的・科学的な知だけでなく統合的・総合的な知が求められているという認識であろう。しかし、「総合的な学習の時間」の配当時間は授業時間全体の10％以下でしかない。これでは新しい教育課題を取り入れるという点でも、社会が求めている統合的、総合的な学びを増やすという点でも、はなはだ不十分である。しかし、その中途半端な状態にとどまらざるを得ない理由の一つとして、次に述べる指導者に関わる問題がある。

（3）指導者

　「国民国家型教育システム」から「資質・能力重視教育システム」への移行が始まって約40年が経過するが、指導者の大部分は、「国民国家型教育システム」と一体となっている「教科別指導」を前提とした教員養成システムの下で養成され続けてきた。教育免許状取得には、教職に関する科目と教科に関する科目の取得が義務づけられ、中学校・高等学校における教員免許状は教科単位となっている。この教科別の教員免許を基本とする教育職員免許法は1949年に制定されたもので、同法の第四条5項の「中学校及び高等学校の教員の普通免許状及び臨時免許状は、

第 2 章　「資質・能力重視教育システム」の特色と課題

次に掲げる各教科について授与するものとする」という条文は 3 分の 2 世紀が経過した今日も変わっていない。この間に新たな教育課題として登場した「国際理解教育」、「ICT 教育」、「環境教育」、「地域学習」についての指導者育成も、それらを統合的に扱う指導者の育成も、ほとんどなされてこなかった。

　学習指導要領の 1998 年度改訂で「総合的な学習の時間」が導入されたのに合わせて、教員免許取得に必要な科目として「総合演習」（2 単位）が求められたが、当時の文部省担当者は文部省主催の説明会で「総合演習」について「総合的な学習の時間が導入に連動しているものではない」ことを強調していたし、「総合演習」は学習指導要領の 2008 年度改訂に対応した教育職員免許法施行規則の改正で免許取得に必要な科目から除外された。そして、2015 年 12 月の中教審答申「これからの学校教育を担う教員の資質能力の向上について〜学び合い，高め合う教員育成コミュニティの構築に向けて〜」を受けて、ようやく「総合的な学習の指導法」が免許取得に必要な科目に加えられることなった。この間の「総合的な学習の時間」自身の扱われ方や、それに関連した指導者養成に関わる教員免許法関係の推移からは、中教審や文科省の改革派の新しい教育課題に立ち向かおうとする力と、教科教育を重視する旧守派によるそれらの動きを阻止しようとする力の水面下の綱引きが見え隠れする。

　他方で、学校外の人々を指導者として招く動きは確実に前進している。

　小学校では 2002 年度から「総合的な学習の時間」が導入されたことによって、学校と地域の間のバリアーが低くなり、児童生徒が地域に出ていって地域の人々から様々な指導を受けたり、地域の人々が学校に来て指導したりすることも増えている。し

かし、地域の人々はあくまでも補助者であって、教員と同等の指導者とみなされることはレアケースである。児童生徒の体験活動のために自然学校に出向き、そこのインタープリターから様々な指導を受けることも増えてきたが、そのインタープリターが教員と同等の指導者とみなされていることも少ない。「資質・能力重視教育システム」においては、ひょっとすると学習塾や予備校が実態としては大きな役割を果たしているのかもしれないが、おそらく学校関係者の多くは、学習塾や予備校の指導者を「資質・能力重視教育システム」を支える仲間とは考えていないであろう。このあたりにも「国民国家型教育システム」の下での「学校の常識」が色濃く残っているように思われる。

　「学習者中心の学び」においては、教員はインストラクター（指導者）であるだけでなく、ファシリテーター（促進者）である必要がある、と言われている。しかし、ファシリテーターとしての基本的な態度やふるまいを学んだ教員がどれほどいるのであろうか。2017年3月末に「教育職員免許法施行規則等の一部を改正する省令」が公布され、「総合的な学習の時間の指導法」の単位取得が教育職員免許状取得の要件に加えられた。しかし、はたして、大学の教職課程における「総合的な学習の時間の指導法」の科目担当者として、ファシリテーターとしての基本的な態度を備え、それを実践の場で指導できる者がどれほどいるのであろうか。学習者中心の学びを重視する「総合的な学習の時間の指導法」において、もっぱら知識注入型の授業が展開されるとしたら話にならない。しかし、担当分野の研究論文の存在を絶対的な要件とする、従来通りの教員審査が続くのであれば、新たな教員免許法の下でも、ファシリテーターとしての基本的な態度やふるまいを身に着けた教員が輩出される可能性は

第 2 章 「資質・能力重視教育システム」の特色と課題

極めて少ない。

　産業界からの要請や教育受容者からの期待もあって、「国民国家型教育システム」から離脱して、「資質・能力を重視する教育システム」に向かおうとしているが、指導者という点では、古いシステムの影響があまりにも大きく、あるべき姿からほど遠い。

　指導者に関連して、「教員の多忙」と「管理の強化」についても触れておきたい。

　日本の教師の多忙は、世界的にも突出している。2016 年度の中学校教諭の 1 週間あたりの平均勤務時間は、文部科学省の調査（速報値）によると 63 時間 18 分で、10 年前より 5 時間 12 分増加し、「過労死ライン」に達する週 20 時間以上の残業をした教諭が 6 割近くを占めたという[19]。また、東京都教育委員会の調査（2017 年）では、都内の公立学校教員の正規の勤務時間は休憩時間を含め週に 42.5 時間であるのに、週当たりの総在校時間が 60 時間を超える教員の割合は、小学校で 37.4％、中学校で 68.2％に達している[20]。

　学校週 5 日制の導入による土日の部活動の指導時間の増加と平日の用務の増加、学校の小規模化による一人当たりの校務分掌の増加、保護者の要望の増加、校長や教育委員会などへ提出する報告書の増加等々が押し寄せた結果である。

　それとともに、2000 年の東京都を皮切りに導入された教職員評価制度によって、文科相→教育委員会→校長→教員という評価・管理が強化されたことも勤務時間の増加に加担している。教職員評価制度に対しては、「教育改革を実現し地域住民等から信頼される学校づくりを進めるため」という名目が語られることが多いが、評価制度に内包されている「競争による活性化」の原理が、教員の勤務時間を増大させ、疲弊させ、教員間の連携協

力を阻止し、信頼される学校づくりと逆方向に引っ張っている。
　2017年末に中教審は、教職員の働き方改革に関する対策の中間まとめを文部科学相に提出した。上記の過剰な勤務時間はすでに放置できるレベルではない。抜本的な改革が求められるが、そのためには学校教育の制度設計の根本に立ち返る必要がある。

第2節　「資質・能力重視教育システム」に付随する大きな課題

　個人の「資質・能力」を高めることは教育の基本中の基本と考えられがちであり、個人の「資質・能力」を高めること自身が社会にとっても好ましいものとなることを否定するわけではない。しかし、これからの社会の基本的な教育システムとして定着するには重大な課題があることの一端を本節で述べる。

（1）「社会の形成者」意識

　ここまで、「資質・能力重視教育システム」における教育方法、教育内容、指導者について、その特徴を「国民国家型教育システム」と比較しながら述べてきた。どちらのシステムにも、学校運営の資金の多くを拠出している国家や産業界といった教育システムの提供者と、学校に通ったり学校に子弟を通わせたりすることでシステムを存続させている受容者が存在している。そして、双方の願望が異なっていて引っ張っていきたい方向が異なることが多いために、両者の綱引きが行われがちである。例えば、文教予算の配分に当たっても、国や産業界は国際競争力を強化するために、先端研究分野を中心に多くの予算をつぎ込もうと考えるが、受容者側としては一人ひとりの児童生徒への目配りを充実させるために教員数の増加に予算を回してほしいと考える。カジノ法とも称されるIR推進法（特定複合観光施設区

第2章 「資質・能力重視教育システム」の特色と課題

域の整備の推進に関する法律）についても、国策として推進することになった以上、文科相は「新しいわが国の文化芸術の創造につながるとともに、日本の文化を国内外に強力に発信する拠点として・・・」と述べて協力の姿勢を示すが、子どもの健全な成長を願う保護者の多くはカジノ文化の蔓延を阻止したいと願う。

このような両者の綱引きの結果、おおむね妥当という結論に落ち着く場合も少なくないが、それぞれにとっての利益へ引っ張り込もうとするあまり、教育が果たさねばならない重要な役割が放置されたり、忘れ去られたりしかねない。

それでは教育が果たすべき重要な役割とは何であろうか？

教育基本法は（教育の目的）として、第1条で「教育は、人格の完成を目指し、平和で民主的な国家及び社会の形成者として必要な資質を備えた心身ともに健康な国民の育成を期して行われなければならない」と述べている。「国家及び社会の形成者として必要な資質」の育成が大きな柱であることは間違いない。1955年度改訂以降の社会科学習指導要領でも、「国家・社会の形成者」を育むことが社会科の目標に掲げられ続けてきた。

「いや、それならば日々の教育実践の中でしっかりと定着させてきているはずだ」と考えている学校関係者は多いのかもしれない。しかし、それでは義務教育段階の9年間、さらに90％以上については高等学校時代を合わせて12年間にわたって「平和で民主的な国家及び社会の形成者」を育てる教育を受けてきたはずの20歳代の若者が、図10に示されているように主要な国政選挙でさえ30％程度の投票率でしかないという事実をどう説明すればよいのであろうか。少なくとも、20世紀末以降、青少年に学校教育を通して「国家・社会の形成者」になることの重

要性を浸透させることができなかったと断言してもよさそうである。日ごろ学生たちと接していて感じるのは、「自分が投票したからといって、社会が変わるわけではない」という「あきらめ」である。選挙に行かないという行動の責任は学校教育のみにあるのではなく、背後には、様々な理由があるであろう。しかし、社会が大きく変わり、子どもたちの生育環境が変わる中で、また、競争が主流となり、自己責任が強調される中で、「民主主義社会において選挙権の行使は国民の権利であるとともに義務ともいえるものです」といった教育が十分に機能を果たせなくなってきていることは確かである。

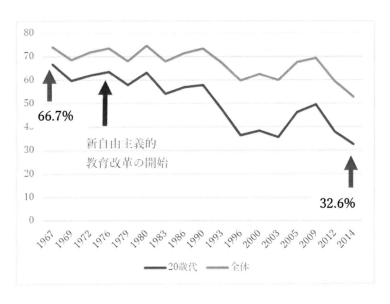

図10　衆議院議員選挙の20歳代と全体の投票率（％）
（総務省のデータより作成・加筆）
http://www.soumu.go.jp/main_content/000255967.pdf

第 2 章　「資質・能力重視教育システム」の特色と課題

　このことは、次期学習指導要領についての答申を取りまとめる際に、中央教育審議会の資料として常に提示されていた図 11 の下段の社会参画への意識の低さにも表れている。自分が参加することで社会が少しでもよい方向に変わると考えている割合は極めて低い。ただし、「このまま放置しておける問題ではない」ので、若年層の社会参加を働きかけると同時に、そのための方策を考えねばならないことは言うまでもない。

　学校教育関係者にとってより深刻な問題は、図 11 の上段に掲げられた自己肯定感の低さであろう。長年教壇に立ってきた複数の先生に「子どもたちの自己肯定感が下がってきたのはいつごろからだと思いますか」と訊ねたのに対して、多くの先生が「1990 年ごろかな」と回答されている。筆者の印象論の域を出ないが、上記の 20 代の投票率の低下と、次に述べる不登校の増加が 1990 年ごろからであることとも符合する。

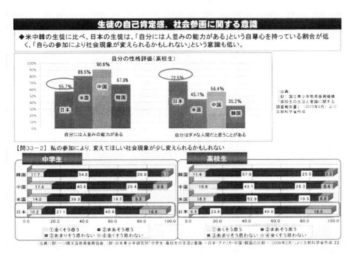

図 11　生徒の自己肯定感と社会参画に対する意識[21]

では、どうすればよいのかについては、次章の「持続可能社会型教育システム」の要点の節で述べるが、少し先取りして、この場でその一端を箇条書きにすると、以下のようになる。
・社会の形成に関わるプロジェクト型の活動を増やす。
・社会の形成への実際の参画を教育システムの中に取り込む。
・教員以外の、実際の社会の形成者を指導者として招く。

上記の改革は、図 11 の指摘する二つの大きな課題の双方を解決するうえでも大きな効果を発揮するものと考えている。

それでは、「1990 年ごろ」に日本の教育界でどのようなことが起こっていたのであろうか。日本児童教育振興財団編の『学校教育の戦後 70 年史』(2016 年、小学館) は、1945 年から 2015 年までの戦後 70 年間の学校教育をめぐるトピックを 1 年につき見開き 2 ページに集約して記述している。その 1983 年以降の表題を並べると、

1983 年　校内暴力の嵐と「管理教育」への過剰期待
1984 年　教育改革をめざす「臨時教育審議会」の設置
1985 年　多発する子どもの問題行動と管理教育
1986 年　深刻化するいじめ問題への対応
1987 年　臨時教育審議会による教育改革の方向づけ
1988 年　初任者研修制度創設と生涯学習体系への移行
1989 年　「新学力観」を掲げた新学習指導要領

となっている。2 回出てきている言葉が「管理教育」と「臨時教育審議会」である。臨時教育審議会については前述のように「教育の自由化」の主張もあったが、最終的な答申に盛り込まれたのは「個性重視」や「生涯学習体系への移行」などである。この「管理教育」と「教育の自由化」のせめぎあいの中で出てきたのが 1989 年の「新学力観」と見ることもできよう。「新学力観」

第2章　「資質・能力重視教育システム」の特色と課題

とは、「自ら学ぶ意欲をもち主体的に社会の変化に対応できる能力」を重視する考え方で、一言でいえば「自己教育力」重視の学力観である。この1989年告示の学習指導要領では、活動や体験を重視する生活科が新設されるとともに、「豊かな心を持ち、たくましく生きる人間の育成」という観点から道徳教育や体育の指導の充実が示されている。

　しかし、1990年以降の自己肯定感の低下、不登校の増加等は、社会の変化に対する子どもたちの変化と新たに示された「新学力観」とのミスマッチを感じさせられる。では、どのような取り組みをすればよかったのか、についての筆者の解答が、前述の「社会の形成に関わるプロジェクト型の活動を増やす」「社会の形成への実際の参画を教育システムの中に取り込む」「教員以外の、実際の社会の形成者を指導者として招く」の3点である。そして、この3点は現在もまだまだ不十分であるので、新たな教育システムの構築が必要であるというのが、本書における主張である。期待する資質・能力を育むことを目的として授業時間を増やす等の取り組みをしても現代の子どもたちには効果はあまりなく、逆に、社会の形成に実際の参画することで、求められる資質・能力はおのずから育まれていく、と考えている。手島利夫はESD（持続可能な開発のための教育）を推進した結果、学力テストの成績も向上したことから、「心配するな、学力は後からついてくる！」と度々語っている[22]が、子どもたちが社会の形成に実際の参画することで、「資質・能力は後からついてくる！」と主張したい。

（2）いじめ問題

　「今日の教育に関する最大の問題は何か？」と問われれば、お

そらく半分以上の教育関係者が「いじめ」と答えるであろう。
　「いじめ」はいつの時代にも存在する。しかし、他方で「学校におけるいじめが社会問題として認識されるようになったのは、昭和 55（1980）年ごろから」という指摘[23]もある。前述の児童教育振興財団編『学校教育の戦後 70 年史』では、1957 年に「下級生に対する理不尽なしごき」、1969 年に「校内暴力の嵐が吹きすさぶ」という記述があるが、「いじめ」という言い方が初めて登場するのは 1974 年である。この 1974 年を執筆した山下晃一は「・・・不安に根ざした排他的な競争が過熱した。心身ともにストレスや疲労に満ちた子どもたちの間には、校内暴力、いじめ、不登校、無気力・無感動等、学校への反乱あるいは学校からの逃避が広がったといわれた」と記している。
　『学校教育の戦後 70 年史』に「いじめ」についての記載が急増するのは 1980 年以降で、前述のように 1985 年の表題が「多発する子どもの問題行動と管理教育」、86 年が「深刻化するいじめ問題への対応」、そして、94 年が「児童の権利に関する条約発効といじめ自殺事件」、95 年が「いじめ問題、再燃。深刻化する事態への対応」となっている。その後「いじめ」問題が沈静化したわけではなく、ほかの重要な教育課題が続いたために表題に取り上げられなかっただけで、2012 年には再び「学校安全の再構築と「虐待」「いじめ」対応の緊急性」という表題が出ている。
　「いじめ」が 1980 年ごろから社会問題として認識されたのは、いじめによる子どもの自殺が相次いだことがきっかけである。子どもたちを自殺に追い込むような「いじめ」が 1980 年ごろから急増した原因について、多くの識者が様々な指摘をしてきている。受験競争の過熱、閉鎖的な学校、ストレスの増加、規範意識の低下、情報モラルの未定着、家庭の教育力の低下、コミ

第 2 章　「資質・能力重視教育システム」の特色と課題

ュニケーション能力の低下等々で、それぞれ「確かにそうだ」と頷かされるものばかりである。しかし、1980年以前と以後の違いを考えたとき、「1980年代以降、消費社会になり、共同体的意識が年々弱まり、子どもたちがそれぞれ「個」となり（中略）クラスの集団性も日々弱まり、「いじめ」もかつての共同体的なものから市民社会的なものへと変質した」[24]という諏訪哲二の指摘は、おおむね同意できる。また、「主として遊びの中で自然に身についていた「いじめの技術」（手加減、回避、仲裁）を喪失した」[25]という山田正敏の指摘も納得できる点が多い。両者が共通に指摘するのは、子どもたちを取り巻く社会的環境の大きな変化によって青少年が共同体的な意識や技術を育む機会が減少し、そういった面での未成熟さが広がってきたということである。それでは、青少年に対して共同体的な意識や技術を育む機会を提供するような適切な対応がなされるようになったかというと、いまだに十分になされていない。というよりは、小手先での対応で何とかなるものではない。

　「いじめは人間の性で、根絶できない」とあきらめたような発言も時々耳にする。しかし、「いじめ」と無縁な教育の場も確実に存在している。筆者自身が学習院大学の教職課程履修者に対して行った「いじめ」に関する記述式の問で、大学入学までの人生で「いじめ」を受けたり、その現場を見たり聞いたりしたことがまったくないという回答が2割ほどに達しているのである。「いじめ」と無縁の学びの場を作ることは可能なはずである。

　いじめに関する統計は、「いじめ」に対する定義が変わってきたことと、各教育委員会が取りまとめる「いじめ」の件数に、明らかに恣意的な操作がなされてきたために、推移の実態を把握しづらい。それに対し、「いじめ」とも深くかかわる不登校につ

いては、図 12 からも明らかなように、1980 年ごろから増え始め、1990 年代に急増し、以後は高止まりである。ピークとなる 2000 年前後に比べると、1974 年は 10 分の 1 以下である。中学校・高校では減少傾向にあるように見えるかもしれないが、生徒数が減少しているので、比率は決して下がっていない。横ばい傾向の見られる小学校については、児童数の減少を考慮すると、今も比率ではじわじわと上昇している。

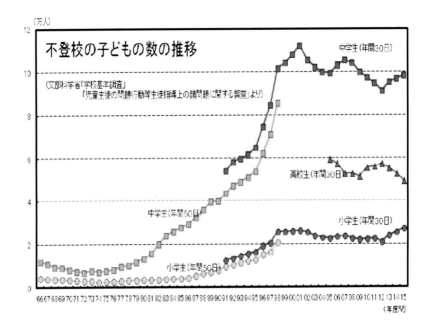

図 12　不登校の子どもの数の推移
http://freeschoolnetwork.jp/wptest/wp-content/uploads/2016/01/graph2015_kazu.png

（３）少子化と新自由主義

　図 13 は日本の過去 100 年ほどの合計特殊出生率の変化を示したものである。戦前・戦中の「産めよ、増やせよ」という時代や戦後のベビーブームが一段落した 1950 年代半ば以降の約 20 年間は、「ひのえうま」という特異な年次を除くと、日本の合計特殊出生率は 2.1 前後で推移していた。人口が減らない水準を指す「合計特殊出生率の置き換え水準」が 2.07 といわれているので、おおむねその水準であったと言える。しかし、1975 年に 2.0 を下回って以降、低下傾向が続き、2005 年には過去最低である 1.26 まで低下した。

　これらの変化の要因としていろいろな可能性が考えられる。

　都市人口比率の上昇や、価値観の変化なども大きな要因と思われる。

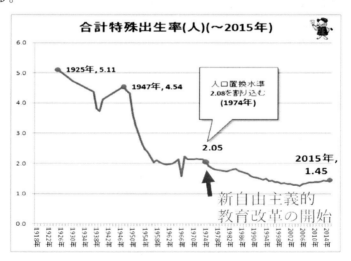

　図 13　合計特殊出生率の推移
　http://www.garbagenews.net/archives/2013423.html に加筆

例えば、1980年代には小型のゲーム機器が若者の多くの時間を占領し、1990年代後半以降にはパソコンが普及してインターネットに接続され、2000年代に入ると携帯電話が、そして2010年代にはスマホが、といったように魅力的な情報機器が次々と開発され、若者たちにとって、結婚して家族仲睦まじくといった価値観が相対的に低下したということもあるであろう。

　図14は日本人男子の年代別未婚率を示したものであるが、ここでも1970年代半ばから未婚率の急上昇を確認できる。核家族化が進む中で子育てがしにくい環境になってきたという面もあるであろうが、それ以外にも、子どもを産み育てることの困難さを感じ、結婚や妊娠・出産を回避する若者が増えているのではなかろうか。

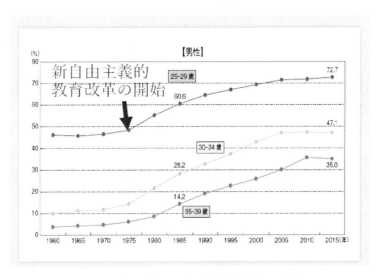

図14　日本人男子の年齢別未婚率の推移
http://www8.cao.go.jp/shoushi/shoushika/data/mikonritsu.html に加筆

第2章 「資質・能力重視教育システム」の特色と課題

　非正規雇用労働者の比率が 1984 年の 15.3％から 2015 年には 37.5％に増加している[26]。非正規雇用の当事者はもちろんのこと、正規雇用の職にあってもその永続性に不安を感じていると、結婚・出産に前向きになれないのも当然かもしれない。新自由主義という市場原理に基づく競争社会の中で、社会全体に互いに助け合っていこうという連帯や協力が希薄になってきている。そのような将来に対する不安が蔓延していることも、未婚率の上昇や出産率の低下の大きな要因であると思われる。

　合計特殊出生率の低下の要因については、女性の高学歴化と晩婚化、都市人口率の増加や育児環境の悪化、育児に対する経済的・身体的な負担増等々が指摘されており、それぞれの説明には納得させられる部分が多い。しかし、本著の補論で詳しく述べるように、1990 年から約 10 年間東欧・ロシア圏で急速な合計特殊出生率の低下が見られたことから明らかなことは、「将来に対する不安」こそが、決定的に重要な要因であるということである。この根本の要因の解決に向けた行動に着手せずに、小手先の対策を講じてみても、合計特殊出生率 2.07 という人口の増減のない人口置換水準に戻すことはほとんど不可能であろう。

　それでは、このような将来に対する不安を払拭できない社会、持続不可能な社会をどのようにすれば、未来を展望できる社会、持続可能な社会に転換できるのであろうか。そのヒントになる事例を第 4 章で紹介するが、やはり、カギになるのは教育システムの転換であろう。人口減少という日本の社会の持続可能性を脅かす最大の問題に対しては、新自由主義を基調とする政治体制や経済体制の転換が求められるが、まずは教育という分野で、持続可能な社会の構築を第一の目標とする教育システムへの転換から進めることが、これからの社会を担う人々の意識変

革という点で重要である。

　「資質・能力重視教育システム」への移行の動きは、盤石かに思われた「国民国家型教育システム」を揺り動かし、そこからの離脱を促したという点で、学校教育に新たな可能性を生み出した。しかし、本節でその一端を指摘したように、教育の基本中の基本と考えられがちな個人の「資質・能力」の育成を重視する「資質・能力重視教育システム」が内包する大きな問題と、その限界がはっきりしてきた以上、次に述べる「持続可能社会型教育システム」の構築に向けて再度方向転換する必要がある。

第 3 章　「持続可能社会型教育システム」への道筋

第 1 節　持続可能な社会の構築をめぐる国内外の潮流

　前章では、「資質・能力重視教育システム」が、「国民国家型教育システム」からの離脱という点では一定の役割を果たしたが、「国家や社会の形成者」意識の低下や人口減少問題などとも関わっており、さらには今日の学校をめぐる最大の課題である「いじめ」や不登校、格差の拡大とも関係することを述べた。そして、「資質・能力重視教育システム」では、それらの大きな課題を克服しえないばかりでなく、むしろ助長しかねないことを指摘した。

　本章では、「資質・能力重視教育システム」に取って代わるべき教育システムとして「持続可能社会型教育システム」が必然であることを述べるが、まず、持続可能な社会の構築をめぐる国内外の潮流を概観する。

（1）国際的な潮流

　生態的・社会的な持続可能性の危機に対して世界中の国々が協力して取り組むために、1992 年にブラジルのリオデジャネイロで地球サミット（United Nations Conference on Environment and Development、通称：リオ・サミット）が開催された。そこで採択された合意文書「アジェンダ 21」の第 36 章では、そのために教育が果たすべき役割が明確に記述された。「アジェンダ 21」以降の国際的な議論の中で、ESD（持続可能な開発のための教育）という概念が形成され、2005 年から 2014 年の 10 年間が「国連持続可能な開発のための教育の 10 年（DESD）」と位

置づけられて、その普及が進められた。2014年にはDESDをフォロー・アップする行動計画としてグローバル・アクション・プログラム（GAP : Global Action Programme on Education for Sustainable Development）が策定され、国連総会で承認された。さらに2015年には国連持続可能な開発サミットが開催され、そこで採択されたアジェンダには、地球環境と人々の生活を持続可能なものとするために2030年までに取り組むべき17の目標と169のターゲットからなるSDGs（持続可能な開発目標：Sustainable Development Goals）が掲げられている。

　SDGsでは第4番目のゴールとして「質の高い教育をみんなに（原文はGoal 4. Ensure inclusive and equitable quality education and promote lifelong learning opportunities for all）」が挙げられている。同様の教育に関する目標は、SDGsの前身ともいえるMDGs（ミレニアム開発目標）でも取り上げられていた。MDGsは、2000年の国連ミレニアムサミットで採択された、2015年までに達成されるべき目標であった。そこではAchieve universal primary educationと表現されており、初等教育に焦点が当てられている。EFA（Education for All=万人のための教育）に近いニュアンスで、「読み・書き・計算」といった基礎的な教育を受けられない状態にある世界中のすべての人々に基礎的な教育を、という考え方であった。

　それに対し、生態的・社会的なサステナビリティの実現を前面に据えたSDGsが求めている教育は、「読み・書き・計算」といった基礎的な教育からさらにもう一つ上の段階の「質の高い教育（Quality Education）」である。SDGsのゴール4に関わるターゲットの中には、EFAの一層の推進に関する記述（ターゲット4.6）や、より上位の学校段階へのアクセスについての記述

第 3 章　「持続可能社会型教育システム」への道筋

（ターゲット 4.3）なども見られるが、ターゲット 4.7 には「2030 年までに、持続可能な開発のための教育及び持続可能なライフスタイル、人権、男女の平等、平和及び非暴力的文化の推進、グローバル・シチズンシップ、文化多様性と文化の持続可能な開発への貢献の理解の教育を通して、全ての学習者が、持続可能な開発を促進するために必要な知識及び技能を習得できるようにする」[27]と明記されている。まさにサステナビリティの実現に参画することを想定した教育を求めている。そのような教育を「みんなに」ということで、生涯教育にも言及した表現になっているが、学校教育がその重要な拠点であることは間違いない。次期学習指導要領の前文に書かれている「持続可能な社会の創り手」を育む教育は、このターゲットを実現することを目指したものと言える。

このような流れを受けて、国際社会でも呼応する動きが出てきている。

あらゆる分野の産業製品についての国際規格の制定・普及を目的とする非政府機関である国際標準化機構は、2010 年に社会的責任に関する世界初の国際規格・ISO26000 を発行して、持続可能で公正な社会を作るために企業を含むすべての組織の行動基準を示している。

また、SDGs については、産業界における関心の高まりが世界中でみられ、多くの企業が「CSR（企業の社会的責任）レポート」で SDGs に言及し始めている。SDGs の実現をサポートする企業の活動が、顧客満足度を向上させ、市場を拡大し、ESG 投資（Environment, Social, Governance を考慮する投資）の呼び込むのに有利であるというという判断も広がり始めている。

他方で、国際的な学力調査である PISA 調査についても、環

境に関わる出題が多いことを、世界の教育関係者は注目している。PISA 調査の実施母体である経済協力開発機構(OECD)は、先進諸国が自由主義経済の発展のために協力することを目的として設置した国際組織である。経済の発展のためには教育の充実と進展も重要な課題であることから、発足当初から教育に関心を寄せてきている。1997 年から 2003 年に実施した DeSeCo (Definition and Selection of Key Competencies；能力の定義と選択)プロジェクトでは、教育の目的を「個人の人生の成功」とともに、「うまく機能する社会」の実現ととらえ、その実現に求められる新しい能力として、三つのコンピテンシーとその中核をなす「思慮深さ」から構成されるキー・コンピテンシーという概念を提示している。「うまく機能する社会」の前提として、生態的・社会的な持続可能性が求められることは言うまでもない。

このように、持続可能な社会を目指す動きは、世界の大きな潮流となっている。

(2) 国内の潮流

このような国際的な潮流の中で、日本国内でも日本環境教育学会や日本国際理解教育学会などが ESD の重要性を繰り返し指摘し、日本政府も前述の DESD を 2002 年の第 57 回国連総会の場で提案し、採択された。これを受けて 2005 年 3 月に国立教育政策研究所と文部科学省は「『持続可能な開発』と 21 世紀の教育」という国際シンポジウムを開催している。しかし、「ゆとり教育」による「学力低下」への対応が中心となった 2008 年度改訂の学習指導要領では、「持続可能な社会」への言及は限定的であった。中学校の学習指導要領では理科と社会科にそれぞれ

第 3 章　「持続可能社会型教育システム」への道筋

1 か所ずつ「持続可能な社会」という用語が登場したが、小学校の学習指導要領では皆無であった。

　ESD 概念の教育界への浸透は最初のうちは低調であったが、その流れを大きく変えたのが、国立教育政策研究所が 2009 年から 2012 年にかけて 3 回にわたって刊行した報告書『学校における持続可能な発展のための教育（ESD）に関する研究』であった。そこでは、【ESD の視点に立った学習指導で重視する能力・態度】（例）として、①批判的に考える力、② 未来像を予測して計画を立てる力、③多面的, 総合的に考える力、④ コミュニケーションを行う力、⑤ 他者と協力する態度、⑥ つながりを尊重する態度、⑦ 進んで参加する態度、の 7 つが示され[28]、学校教育の現場に ESD を導入する大きな足掛かりを提供した。

　その報告書の影響は、次期学習指導要領を諮問された中央教育審議会での議論に及び、2015 年 8 月に示された「論点整理」では、高等学校の教育課程を大幅に再編して「持続可能な社会」を大きく取り扱う方針が盛り込まれた。そして 2018 年 3 月に告示された高等学校の次期学習指導要領では、高等学校の社会系の必修科目「地理総合」「歴史総合」「公共」のすべてで、「持続可能な社会」が大きく扱われるようになっている。序章でも少し触れたように、2017 年 3 月に告示された小中学校の次期学習指導要領でも、「社会に開かれた教育課程」というキャッチ・コピーのもと、前文に「持続可能な社会の創り手となることができるようにすることが求められる」と記述されている。

　日本の産業界の動きにも言及しておきたい。
国際的な潮流として述べた SDGs に対する産業界の関心の高まりを背景として、日本経済団体連合会は傘下企業に提唱する経営倫理規定「企業行動憲章」を 2017 年 11 月に改訂した。その

前文ともいえる「企業行動憲章の改定にあたって」[29]には「〜Society 5.0 の実現を通じた SDGs（持続可能な開発目標）の達成〜」という副題が付されており、「2015 年に国連で、持続可能な社会の実現に向けた国際統一目標である「SDGs（持続可能な開発目標）」が採択され、その達成に向けて民間セクターの創造性とイノベーションの発揮が求められている」という記述が盛り込まれている。なお、副題にある Society 5.0 については、「狩猟社会、農耕社会、工業社会、情報社会に続く、人類社会発展の歴史における 5 番目の新しい社会」という注を付けるとともに、「経団連では、IoT や AI、ロボットなどの革新技術を最大限活用して人々の暮らしや社会全体を最適化した未来社会、Society 5.0 の実現を目指している。この未来社会では、経済成長と健康・医療、農業・食料、環境・気候変動、エネルギー、安全・防災、人やジェンダーの平等などの社会的課題の解決とが両立し、一人ひとりが快適で活力に満ちた生活ができる社会が実現する。こうした未来の創造は、国連で掲げられた SDGs の理念とも軌を一にするものである」と述べている。このような企業行動憲章が、どこまで企業の行動を変えることになるのかは未知数であるが、「持続可能な社会」を目指す動きが着実に進み始ていることは確かである。

過去の中央教育審議会の答申に盛り込まれた重要なキーフレーズを抽出すると、
　「期待される人間像」（1966 年）⇒「ゆとり教育」（1976 年）⇒「生きる力」（1996 年）⇒「社会に開かれた教育課程」「持続可能な社会」（2016 年）
と変化してきており、学校教育を通して達成したい目標の対象

が、「個人」から「社会」に変化してきていることが見て取れる。「個人」の「資質・能力」を重視する姿勢を堅持しながらも、より大きな「社会」に重心を移してきていると言える。

しかし、「持続可能な社会を構築するために、教育に何ができるか」を真剣に考えた場合、中央教育審議会答申や学習指導要領で「持続可能な社会」の扱いが大きくなってきた程度で満足しているわけにはいかない。やはり、教育全体のシステムを、今日の「資質・能力重視教育システム」から「持続可能社会型教育システム」へ転換させることが不可欠である。

第2節 「持続可能社会型教育システム」の要点

本節では、「持続可能社会型教育システム」がどのようなものであるのかについて、そのイメージを明らかにするために、要点となる事柄について述べていく。

(1) 持続可能な社会形成への参画

前述のように、教育基本法の第1条だけでなく、1955年度改訂以降の社会科学習指導要領の冒頭には、「国家・社会の形成者」という言葉が登場している。しかしよく読むと、教育基本法の第1条の（教育の目的）の場合は、「国家及び社会の形成者として必要な資質を備えた心身ともに健康な国民の育成」と書かれており、「国家及び社会の形成者」そのものを育成するとは書かれていない。学習指導要領も同様で、社会科の目的には「国家・社会の形成者として必要な公民的資質の基礎を養う」と書かれており、教育基本法第1条の場合と同様に、養う対象は「資質」となっており、「国家及び社会の形成者」そのものの育成とはなっていない。社会の形成に直接関わる「参画」という用語は、現行学習指導要領の中学校編では、道徳に関する部分のほかには、

社会科地理的分野の「身近な地域の調査」の内容に「地域社会の形成に参画しその発展に努力しようとする態度を養う」と記されているだけであった。

しかし、実は旧教育基本法にはなかったが、新教育基本法の第2条（教育の目標）では、第3項に「公共の精神に基づき、主体的に社会の形成に参画し、その発展に寄与する態度を養うこと」と書かれている。次期学習指導要領中学校編でも、「社会参画」や「社会への参画」が7、8回登場している。そして、何よりも「前文」には「持続可能な社会の創り手となることができるようにすることが求められる」と記載されている。

つまり、従来の学習指導要領では、学齢段階では「資質」「素養」を身に着け、大人になってから「社会の形成者になる」「社会の形成に参画する」という手順であったが、新教育基本法の第2条（教育の目標）では、「参画」→「態度を養う」という順序も示され、次期学習指導要領では学齢段階での「参画」を推奨する表現が増えてきている。

少し前置きの説明が長くなったが、「資質・能力重視教育システム」では、将来の参画に備えた「資質・能力」を、学校教育を通して身に着けるという姿勢が基本となっているが、「持続可能社会型教育システム」では、社会の形成への参画を通して、資質・能力を育んでいくことが基本となる。

1947年に社会科が誕生した時に出された学習指導要領（試案）では、第1章序論、第1節「社会科とは」に、「（少年が社会生活を営んで行くのに必要な、各種の能力や態度は、）青少年の社会的経験を発展させることによって、おのずから獲得され養成されるものなのである」と書かれていた。この戦後初期の社会科に盛り込まれた経験主義的な指導法は、十分な指導経験のな

第 3 章 「持続可能社会型教育システム」への道筋

い教師が児童生徒に同じようなレベルの経験を繰り返させ、探究的な学びにならないことが多かったことから、「はいまわる経験主義」と揶揄され、結局根づかせることはできなかった。

　しかし、「持続可能社会型教育システム」の柱になる「社会形成への参画」は、社会の持続可能性の危機という、まさに現実に存在する課題に対して、児童生徒が主体的、協働的に取り組むもので、多分に探究的なプロジェクト学習の形態が採用されることになる。持続可能な社会形成への参画は、「はいまわる経験主義」とは無縁であるばかりでなく、国立教育政策研究所が『教育課程の編成に関する基礎的研究　報告書5　社会の変化に対応する資質や能力を育成する教育課程編成の基本原理』（2013年3月発行）の中で提示した「21世紀型能力」（図15）の最も外側に位置づけた「実践力」中の、「持続可能な未来づくりへの責任」を根底に持つ「社会参画力」に通じるものである。

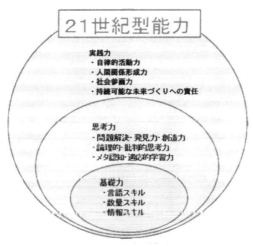

図15　国立教育政策研究所による「21世紀型能力」

現実の課題と向き合い、その解決に向けた主体的・協働的な活動の過程で獲得した様々な能力こそが、21世紀社会が必要とする資質・能力である。「資質・能力重視教育システム」の下で克服が困難であった、前述の「いじめ」や「社会参加の意識の低さ」「自己肯定感の低さ」などの課題も、持続可能な社会形成への参画が教育の中核に位置するようになれば、徐々に払しょくされていくに違いない。

（2）地域の人々の関与拡大と教員の役割の変化
　「総合的な学習の時間」の開始以降、地域の人々と学校の関係が密接になっている。小学校では地域の人々が直接子どもたちに話をすることも多くなっているし、中学校や高校では、職場体験やキャリア教育の実践で地域の人々に関わってもらうことが増えてきている。
　2015年12月に中教審より示された「チームとしての学校の在り方と今後の改善方策について（答申）」では、「子供たちに，必要な資質・能力を育むためには，学校が，社会や世界と接点を持ちつつ，多様な人々とつながりを保ちながら学ぶことができる開かれた環境となることが不可欠」という基本的な認識に基づき、学校教育に学校外の人々も加わった「チームとしての学校」という指導体制を構築すべきことを示唆している。基本認識の冒頭に「必要な資質・能力を育むため」とあるように、「資質・能力重視教育システム」の進化過程に位置づけられたものではあるが、学校外の人材の関与を一層増大させる必要があると認識し、その実現に向けて舵を切ったことは適切な判断であろう。ただし、答申が学外者への協力依頼を想定しているのは、「心理や福祉に関する専門スタッフ」、「授業等において教員を

第3章 「持続可能社会型教育システム」への道筋

支援する専門スタッフ」「部活動に関する専門スタッフ」「特別支援教育に関する専門スタッフ」といった専門スタッフが中心となっている。全国の膨大な数の学校からの協力要請に応じる専門スタッフを確保できるのだろうか、という心配はあるが、現在の学校が抱えている喫緊の課題への対応という点では妥当な答申と言えよう。

　教員の長時間労働や過酷な保護者対応の実態を考えれば、学校に関わる業務の一端を教員外に委ねることは当然行われてしかるべきである。しかし、それが「アウトソーシング」というような、外部の人への役割の委託だけであっては、関与者全員で困難な問題に立ち向かうということにはならない。

　「持続可能社会型教育システム」においては、専門スタッフだけでなく、地域の普通の人々の教育への関与拡大が求められる。人口減少と少子高齢化が一層進行する中でこれからの日本の持続可能性という点で最も心配なのは、地域社会の未来である。必然の流れとして、そのような地域の課題を見出してその解決を探ろうとする児童生徒のプロジェクト学習が増えることになるが、そのサポーターとして最も適しているのは、地域のことを熟知している地域の普通の人々であろう。もちろん専門の研究者や専門スタッフの関与も必要であろうが、地域の普通の人々の関与拡大は不可欠で、そのような関係が、金銭の授受を前提としたものではなく、伝統社会ではごくごく当たり前に存在していた「相互関与」という姿で成立することが望ましい。そのためには、のちに述べる「理念」の浸透が前提となる。

　「持続可能社会型教育システム」においては、学校教育に関与する学外者は、単なる協力者や支援者、あるいは委託者にとどまらず、教員と同等の参与者とみなされることになる。

59

「持続可能社会型教育システム」の下での、地域の普通の人々をも巻き込んだプロジェクトの推進に当たっては、教員の役割も変化せざるを得ない。子どもたちを指導する「インストラクター」としての役割は継続して求められるが、学校教育に関与してもらうべき学外者と連絡を重ね、理念を共有し、具体的な活動に参与してもらうには、「コーディネーター」としての役割も求められる。

　前節で、「学習者中心の学び」を進めるうえでは、教員に「ファシリテーター」としての役割が求められることを述べ、その面での教員養成制度が不十分であることを指摘したが、同じことが「コーディネーター」についても当てはまる。

　これからの教員は地域との密接な連携を保つために、コーディネーターとしての役割も求められる。しかし、はたして現役の教員の中で、コーディネーターの役割を果たす自信のある者はどれぐらいいるであろうか。教育職員免許法施行規則の改正で、従来の「ハ　教育に関する社会的、制度的又は経営的事項」の後ろに（学校と地域との連携及び学校安全への対応を含む。）が加えられたが、コーディネーターとしての素養や振る舞いといった要素がそこに盛り込まれるのかどうか、仮に盛り込まれたとしても、大学の教職課程の授業の中で適切な指導がなされるかどうか、不安は尽きない。

（3）専従者としてのコーディネーターの養成と配置

　これからの教員には、これまでの「インストラクター」としての役割に加えて、「ファシリテーター」としての役割、さらに「コーディネーター」としての役割も求められる。したがって、「ファシリテーター」や「コーディネーター」としての基本的な素養

第 3 章　「持続可能社会型教育システム」への道筋

と振る舞いは、これからの教員自身が身に着けておいてほしい事柄である。

　しかし、前述のように超多忙な教員に対して、新たに加わってきた重要な役割のすべてを果たすことを求めるのは過酷であり、現実的ではない。特に、子どもたち自身の「持続可能な社会の形成への参画」と「地域の人々の関与拡大」が重要な根幹をなすことになる「持続可能社会型教育システム」においては、専従者としてのコーディネーターが養成され、できれば各校に最低一人ずつ配置されることが望ましい。

　現在でも、自治体によっては、名称は様々であるが地域と学校をつなぐコーディネーターが配置されるようになってきている。しかし、大半は数校に一人の配置という限定的なものにとどまっている。また、コーディネーターに対する手当ても、残念ながらアルバイト程度というのが現状である。逼迫する予算の中で、教職員人件費の削減が迫られているのが現状で、新たな専従職員としてコーディネーターを配置することが至難であることは理解できる。しかし、「資質・能力重視教育システム」の下で拡大してきた深刻な「いじめ」や自己肯定感の低下、社会参画に対する意識の低下という喫緊の課題への対応としても、教員と同等の待遇の専従コーディネーターの配置は極めて有効な策である。真の「チーム学校」を構築するために、しっかりとした予算措置がなされることを強く望みたい。

　2016 年 1 月に文部科学省から公表された「次世代の学校・地域」創生プランでは、地域学校協働本部の中に「地域コーディネーター」が位置づけられ、学校の地域連携の中核を担う教職員と連携・協働していくイメージが示されていた。また、2017 年の社会教育法の改正では、地域学校協働本部を法律上きっちり

と位置づけるとともに、地域コーディネーターをも包含する「地域学校協働活動推進員」制度を設けている。しかし、「地域コーディネーター」にしても「地域学校協働活動推進員」にしても、その役割はあいまいであり、どのような資質・能力が求められるのかも、どのようにして養成されていくのかもほとんど白紙状態といってよい。「持続可能社会型教育システム」の構築という点で中核を担う存在であるだけに、求められる資質・能力、養成方法についての研究・調査と、具体化が急がれる。

（4）共有すべき理念

　教育の分野に限ったことではないであろうが、「持続可能社会型教育システム」においては、そのシステムの根底にある考え方（＝理念）を関係者が共有しておく必要がある。子どもたちを形式的に社会の形成に参画させても、何のためにその活動を行っているのかを理解して主体的に関わろうとしていなければ、それは本当の意味での「参画」には当たらない。学校の教員と学外者が一緒になって子どもたちに向かい合っても、その思いや目指すものがバラバラであれば、子どもたちの取り組みに対する思いもバラバラになってしまい、期待する成果は得られない。

　それでは、どのような理念の共有が求められるのであろうか。大人から子どもまでということになると、まずは、関わっているプロジェクトや学びが持続可能な社会の形成の一端を担っているということ、そして、そのためには皆で協力して進めなければ十分な成果を得ることができないということであろう。

　学校の教員であるにしても学外者であるにしても指導的な立場であれば、さらに、持続可能な社会の構築には「持続可能社会型教育システム」が必然であること理解しておくことが望まし

い。つまり、本書で述べてきたように、それぞれの国家を中心に据えて国に有意な人材育成を目指した「国民国家型教育システム」や、資質・能力の向上のために競争の原理や市場の原理を導入した「資質・能力重視教育システム」の下では、結局、社会の持続不可能性が進行してしまうことを押さえたうえで、その両者からの大転換として「持続可能社会型教育システム」が構築されようとしていることの理解が求められる。

なお、持続可能な社会の構築には、物質的な豊かさや他者との比較にこだわるような価値観からの脱却が求められるのかもしれない。しかし、旧来型の価値観からの脱却については、「持続可能社会型教育システム」の下での学びや活動を通して変化し、おのずから新たな価値観が生み出されてくるのではないかと考えている。

(5) 普及の方策

本章の冒頭で、「持続可能社会型教育システム」への移行が世界の潮流となりつつある、と述べたが、生態系や社会の持続不可能性が逼迫してきている中、よりスピーディーな転換を実現するには、まず、広範な普及が求められる。次章で紹介するように、新たな教育の創造を目指す新たな動きも始まっているが、普及を加速させるには、まず、成功事例をたくさん作り、それのことが広く知られるようになり、新たにチャレンジする学校が拡大していくことが理想であろう。現在のところ、日本全国で1000校以上に達したユネスコスクールがESDの浸透に大きな役割を果たしているが、そのほかにも私立学校や過疎に直面する自治体が、「持続可能社会型教育システム」への移行を牽引することを期待したい。

独自の建学精神を持ちながら、少子化の中で児童生徒の募集に苦慮している私立学校は少なくない。「いじめ」や不登校などと深く関わる競争の原理、市場の原理と一線を画し、プロジェクト学習等による充実した学校生活をアピールすることで、児童生徒の獲得を目指そうとする私立学校は確実に存在すると思われる。学習指導要領の枠組み内という制約はあるものの、授業運営の独自性という点では、公立よりはるかに自由度の高い私立学校には、「持続可能社会型教育システム」への移行の第一の牽引役になってほしいものである。

　過疎に直面する自治体も、学校の小規模化による統廃合の圧力など、悩みは大きい。そこで、先進的な取り組みによって学校の魅力化を誇り、学校教育を起点として地域の再活性化を目指そうとしている自治体も出てきているし、すでに、成果を上げている自治体も生まれている。過疎に直面する自治体にも「持続可能社会型教育システム」への移行の牽引役を期待したい。

　地方分権が進む今日、しかも地方自治体の首長の権限が強まった今日、次世代をどのように育むべきかを真剣に考える首長のいる自治体では、「持続可能社会型教育システム」への移行に正面から取り組み始める動きが出てくるものと信じている。

第3節　学びの基層をなす感性・体験の獲得と課題

　持続可能社会型教育システムは、社会の進展の必然の帰結として収斂されていく教育システムであると述べてきたが、本節では、21世紀に求められる能力を身に着けるうえで、基層をなす感性・体験の獲得が重要であることと、それを阻んでいる教科の授業時間の硬直化・肥大化について述べていく。

第3章　「持続可能社会型教育システム」への道筋

（１）学びの基層をなす感性と体験

　生態的・社会的な持続可能性が喫緊の課題となっている現在、教育という面から持続可能性を実現するには、これからの社会を支える青少年が、必要となる資質・能力を備えるとともに、具体的な課題を解決する行動に参画し、より困難な課題の解決に向けてさらに歩み始めることが求められる。

　では、幼少時から学校教育段階で、青少年はどのような過程を経て、そのような資質・能力を身に着け、さらにその実現に向けた行動に歩みだせるのであろうか。

　国立教育政策研究所がまとめた図15の「21世紀型能力」も、これからの青少年が修得すべき能力の習得がどのような構造となっているのかを示したものである。すなわち、言語スキルや数量スキル、情報スキルといった基礎力を修得し、その基礎力に基づいて、問題解決・発見力や想像力といった思考力を育み、それら基礎力と思考力を備えたうえで自律的活動力や社会参画力といった実践力を身に着けることで「21世紀型能力」に到達できるという学びの構造が示されている。

　しかし、多田孝志は、「子どもが本来持っているもの」をじっくりと発現させるという、学びの基層となる段階が必要という観点から、三層からなる「学びの構造」（図16）を提示している。学びの基層となる段階の設定の背後には、長年、実践現場に身を置くとともに、現場の教師たちと学びづくりを協働してきた多田の体験が存在する。多田が重視しているのが、図16の一番下に描かれている子どもたちが生来もっている感性や感覚、感受性、好奇心、遊び性、わき起こってくるように興味・関心である。それらが幼少時からじっくりと育まれることで、「学びに火を付ける」状況が生み出されるという。

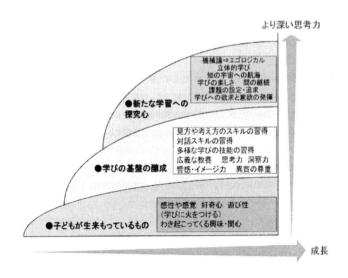

図 16　多田孝志の提示する「学びの構造」[30]

　つまり子どもたちが生来もっている感性や感覚、感受性、好奇心、遊び性、興味・関心を生起させる場面や時間は、「深い学び」に到達する前段として常に必要とされている、ということである。そして、そのために時間をしっかり確保することがとても大事なことである。「時間を忘れて自然の中での遊びに熱中する」というような過程が、「生きる力」を育むうえでも、「深い思考力」を培う上でも、そして 21 世紀に求められている能力（学力）を獲得するうえでも不可欠と言える。
　筆者自身も同様の観点に立った図を、佐藤学や多田、筆者等の共編著『持続可能性の教育』で示したことがある（図 17）。そこで提示した「協同的プロジェクト学習」の基礎に「豊富な体験による感性」を置いたのは、以下に紹介するハンガーフォードらの研究を重要と考えたからである。

第 3 章　「持続可能社会型教育システム」への道筋

「協同的プロジェクト学習」のイメージ

図 17　協同的プロジェクト学習のイメージと
「豊富な体験による感性」の重要性

　環境教育の分野では、環境配慮行動に結びつく要因についての研究が 1980 年代に蓄積される中で、従来考えられてきた
　知識の獲得 ⇒ 気づき や 態度の変容 ⇒ 行動
という直線的なモデルでは十分に説明できないことが明らかになり、ハンガーフォード（Hungerford, Harold）らは、環境団体のメンバー171 人に対する調査を通して、環境への責任ある行動に対して「環境への感性」「環境的行動戦略の知識」「環境的行動戦略のスキル」の三つの要素の寄与率が高いことを示した。さらにその後の研究で、環境配慮行動へ至るエントリーレベルにおける主要因が「環境への感性」であることを明らかにしている[31]。つまり、幼少時の豊かな自然との触れ合いによって育まれる「環境への感性」がその後の「環境配慮行動」へと繋がる、逆に言うと、「環境への感性」がしっかりと育まれていないと、環境に関わる知識が提供されても行動に結びつきにくい

ということである。

「環境への感性」の重要性については、『沈黙の春』で科学物質による環境汚染に警鐘を鳴らしたレイチェル・カーソン（Carson, Rachel）も、子どもたちの「センス・オブ・ワンダー（神秘さや神秘さに目を見張る感性）」を育むことが「知ること」以上に重要であることを、死後に刊行された『センス・オブ・ワンダー』の中で訴えている。

図16の「学びの構造」には直接書かれていないが、多田は子どもたちの体験の重要性についても折に触れて語っている。「現場性と身体性」を神髄とする体験を通して、心が揺さぶられ、遊び性、好奇心が掻き立てられることが自己成長・変革を促し、思考を深め、視野を広げ、「学びに火をつけ」、学びへの意欲を高めると考えている。そこでは感動体験、成就体験、協働・共生体験といったプラスの体験ばかりでなく、挫折体験・矛盾体験などマイナスの体験も有益なものと捉えている。

（2）教科の授業時間の硬直化・肥大化

多田の「感性」や「体験」を重視する考え方に筆者も大賛成である。その両者を充実させてこそ、社会の持続可能性が喫緊の課題となっている21世紀という時代に相応しい資質・能力が形成されると確信している。したがって、子どもたちの感性を育み、体験を豊かにする時間はたっぷりと確保されるべきであると考えている。

しかし、近年の学習指導要領の改訂と、それに対する各学校の対応は、まったく逆の方向に進んでいる。例えば小学校の英語教育など、新たな教育課題が次期学習指導要領に取り込まれることで、土曜日に授業を行ったり、夏休みを短縮したりとい

第3章 「持続可能社会型教育システム」への道筋

う動きが出てきている。子どもたちの感性を育み、体験を豊かにするには、土曜日をしっかりと休ませるだけでなく、夏休みなどの長期休暇をより長くすべきであるのに、その反対の方向に動き始めている。寒冷地以外では第2学期の始まりは9月1日というのが長年の常識であったが、多くの都府県で8月中に第2学期が始まるようになっている。なぜそのようなことになってしまったのかは、はっきりしている。

新しい教育課題が登場し、それを学校教育の中に取り入れるようになってきているにもかかわらず、既存の教科の授業時間数を削減しないからである。確認のために小学校5年生の教科別の年間の授業時間数を前回の学習指導要領と、学力低下論を受けて「確かな学力」を標ぼうするとともに「外国語活動（英語活動）を導入した現行の学習指導要領と、そして教科としての「外国語（英語）」が導入される次期の学習指導要領を比較すると、以下の表1のようになっている。総授業時間数は35時間ずつ、つまり、一週間の時間割の一つの枠に相当する分が2回にわたって増えているのである。

	学年	国語	社会	算数	理科	生活	音楽	図工	家庭	体育	外国語	道徳	外国語活動	総合的学習	特別活動	総授業時数
前回	5年	175	100	150	95	—	50	50	55	90	—	35	—	110	35	945
現行		175	105	175	105	—	50	50	55	90	—	35	35	70	35	980
次期		175	105	175	105		50	50	55	90	70	35	—	70	35	1015

表1 前回、現行、次期の学習指導要領における小学校5年生の授業時数（単位時間数）比較

筆者は小学校段階からの英語教育には、基本的に賛成である。約20年間、日中韓の環境教育の交流に携わり、その過程で日中韓の子どもたち同士の交流活動も何回か経験してきている。その際に、中韓の子どもたち同士が英語でコミュニケーションを取り合う中で、日本の子どもたちが交流の「蚊帳の外」に置かれている状況を見てきている。インターネットの普及によって英語が国際交流の中心的な言語になっている今日、英語圏以外の人が互いに英語を用いてコミュニケーションを行い、より広範な情報を、英語を通して修得していくことも必要になってきている。したがって、現行の学習指導要領で英語活動が導入され、次期学習指導要領で5、6年生に教科としての「英語」が導入されることは正しい方向に進んでいると感じている。「英語」以前に正しい「日本語」を使えるようになるのが重要だ、という論調もあるが、外国語を学ぶことで、日本語の特色を相対的に捉えることができるようになるので、英語の学習は日本語理解にとってもきわめて有用である。

　問題は、英語教育を小学校に導入する以上、他の既存の教科の時間数を削減すべきであるにも関わらず、他の教科の授業時間数を削減していない点である。子どもたちの資質・能力の向上に対して既存の教科が大きな役割を果たしていることは筆者も認識しているつもりである。しかし、ここまで述べてきたように、社会の大きな変化の中で、時間をかけてじっくりと取り組ませるべき新たな教育課題が登場し、それらを含めた統合的・総合的な接近が求められている以上、既存の教科の授業時間数を従来通り確保しようという姿勢は、21世紀に生きる子どもたちにとって好ましくない。子どもたちの感性を育み、体験を豊かにすることこそが、「深い学び」「深い思考」の原点である。そ

第 3 章　「持続可能社会型教育システム」への道筋

の根本を理解していれば、感性を育み、体験を豊かにするための方策を十分に考慮せず、逆にそのための時間を減らすことになる総授業時間増はあってはならないことである。

　そのあってはならない教育政策がまかり通っている理由について、ここでは詳しくは語らないが、喫緊の課題である「持続可能な社会の創り手」を育むためにも、21世紀に求められる「資質・能力」を育むためにも、そして何よりも、21世紀に生きる今の子どもたち自身のためにも、従来の既存の教科の枠組みや配当時間数にメスを入れることは当然なされるべきことである。学習内容を分割して効率よく指導するという150年前に確立された教科別指導法と、そこで実施されている学習内容と時間配分が適切であるかについての総点検は不可欠である。

　残念ながら、今日求められている資質・能力が、各教科の体系的な知識とそれに基づく「見方・考え方」によって育成される、と考えている教科至上主義者や、国民国家型教育システムに代わる教育システムの構築を不都合と捉える関係者の圧力が文科省に及び、将来社会を視野に入れてしっかりと進めるべき教育改革、すなわち持続可能な社会の構築に向けた「持続可能社会型教育システム」への移行に強力なブレーキをかけているのが現実である。この「**教科の壁**」を徐々に低くしていくことも、真の教育改革を進めるには避けて通れないことである。

　そこで、以下、本書の本筋ではないが、「持続可能社会型教育システム」への移行を促進するために、そして何よりも子どもたちの感性を育み、体験を豊かにする時間を確保するために、既存の教科の占有するトータルの時間を削減する方策について、先例や先人の提案、諸外国の事例を参考にしていくつか可能な道筋を示したい。

第4節　総授業時数削減のためのいくつかの方策

　世界の学校教育に精通している佐藤学は、「途上国では年間授業時間数が多い国ほど学力が高いが、先進諸国では年間授業時間数が少ない国ほど学力が高い」と講演などでしばしば語っている。途上国の場合は、学校教育制度が整った国ほど多くの授業時間を確保できるので、そのような傾向がみられるのは納得しやすい。では、経済的な豊かさを成就し、教育環境の整った先進諸国で、年間授業時間数が少ないほど高い学力を示すのは、どうしてだろうか。一つの可能性としては、学校以外の様々な教育の場が確保されている場合、子どもたちを長時間学校に縛りつけておくよりも、早めに学校から解放してそれぞれの個性や志向に適した学びの場に委ねる方が、高い学力に到達するということなのかもしれない。学校外の学びの場としては、学習塾のような場もあるが、音楽や美術、スポーツ等の技を磨く場もあるであろう。学校から解放されて読書に没頭する子どももいるだろうし、もちろん遊びに没頭する子どもも多いはずである。いずれにせよ、感性であったり、集中力であったり、学校では習得しにくい何らかのものを学校外の場で習得することが、高学力に結びつくのかもしれない。

　佐藤学の指摘が的を射ているかどうかを確認する意味からも、主要国の小学校5年生の年間授業時間数を2003年と2013年について国立教育政策研究所の研究[32]から抜き出し、さらに2015年のPISA調査の3部門合計点数[33]と比較したものが表2である。結論から言うと、佐藤学の指摘は、2002年時点ではおおむね当たっている。しかし、その後、欧米諸国では授業時間を減らす方向であるのに対し、日本をはじめとするアジア諸国では授業時間が増えており、判断しにくくなっている。PISAの得点に

第3章　「持続可能社会型教育システム」への道筋

ついては、「科挙」以来の試験対応文化を有する東アジアが高得点を得るのは、「やはりそうか」というレベルの受け止め方がよいのではないかと思っている。年間授業時間数とは別の要素が強く働いた結果と捉えるべきであろう。いずれにせよ、年間授業時間数を増やすことが、特に既存の教科の授業時間をしっかりと確保することが、本当に21世紀が求めている学力に結びつくのかどうかは、十分に疑ってみるべきことである。

国名	年間授業単位時間数	1単位時間の長さ（分）	年間授業実質時間 2012年	年間授業実質時間 2002年	2015年PISA調査三部門合計点
シンガポール	―	30	?	702	1655
日本	980	45	715	683	1586
フィンランド	912	45	684	705	1568
韓国	?	40	?	679	1557
中国（北京・上海等）	1050	40	700	612	1543
イギリス			630〜720	690	1499
フランス	892	50	744	855	1487
アメリカ（ワシントン）			788	828	1463

表2　主要国の授業時間数比較（(32)、(33)より作成）

授業時間数は多すぎないほうがよいという指摘はかなり以前から存在していた。

前述の樋口勘次郎は、『統合主義　新教授学』の中で管理主義教育を排して生徒の自発活動を重んずべし、という主張に続く節で、「学問は遊戯的になさしむべし」と主張し、その根拠として「自発活動の最も適切なる例は、‥彼等の全力を傾注するところの遊戯」で、「(遊戯は) 其の心身を発達せしむるの力甚だ

大」と述べている(34)。子どもたちは遊びの過程で様々な発見をし、集中力を養い、より良い人間関係を構築する知恵を磨いている。遊びを通して「社会人基礎力」ならぬ「人間基礎力」、言い換えると「生きる力」が身につけているのである。

以下では、感性や体験、遊びを豊かにするために、学校における授業時間数を削減する方法について検討する。

(1) 日本のゆとり教育推進期の授業時間数削減

日本では、1970年代後半のゆとり教育導入時に、教科の授業時間数を削減した経験を持っている。小学校学習指導要領の1977年改訂による各教科別の授業時間数の変化小学校5年生を例にとると、表3のようになっている。

つまり、4つの主要教科でそれぞれ年間の授業時間数を35時間ずつ削減して、特別活動の時間70時間を捻出するとともに、総授業時間の70時間削減を実現させている。しかし、「ゆとり教育」第二弾の改革では同じ手法は使えず、小学校低学年における「教科の併合」を行っている。表4のように、1、2年生の「理科」と「社会科」を併合して「生活科」という新しい教科を作り、「理科」「社会科」それぞれ70時間、計140時間であったのを、「生活科」105時間で済ませている。この1989年度改訂では、「教科の併合」で生じた35時間分は、授業時間数全体の削減にまわさず、「国語」の時間を増やすのに使ったが、次の1998年度改訂では、その「国語」の増加分は再び削減されている。

実は、教科の併合は、同じ時期に韓国でも小学校低学年で行われている。「科学」と「実科」(日本の「家庭科」に相当)を併合して「賢い生活」に、「社会」と「道徳」を併せて「正しい生

第 3 章 「持続可能社会型教育システム」への道筋

活」に、「音楽」「美術」「体育」を一緒にして「楽しい生活」にしている。韓国の改訂の公布は 1988 年で、日本の生活科より先行しているが、韓国の場合、教育課程改革の検討期間が日本より短時間であるので、どちらが先に「教科の併合」のアイディアを思いついたのかは判然としない。

教　科	1968年度改訂	1977年度改訂
国　語	245	210
社　会	140	105
算　数	210	175
理　科	140	105
音　楽	70	70
図画工作	70	70
家　庭	70	70
体　育	105	105
道　徳	35	35
特別活動	—	70
総授業時数	1,085	1,015

表 3　ゆとり教育導入期の
　　　教科等別授業時間数の変化
　　　（小学校 5 年生の場合）

教科	1977年度改訂	1989年度改訂	1998年度改訂
国　語	280	315	280
社　会	70	—	—
算　数	175	175	155
理　科	70	—	—
生　活	—	105	105
音　楽	70	70	70
図画工作	70	70	70
体　育	105	105	90
道　徳	35	35	35
特別活動	35	35	35
総授業時数	910	910	840

表 4　ゆとり教育第 2 期、第 3 期の
　　　教科等別授業時間数の変化
　　　（小学校 2 年生の場合）

（２）地方や学校の裁量権拡大による削減

　各学年の授業時間数について、国は上限のみを定めて、削減については地方や学校の裁量に委ねるという方法もある。そのようにすれば、既存の教科の授業時間数を上限まで履修させる学校と、既存の教科の授業時間数を必要最小限に抑え、感性を豊かにしたり、様々な体験活動を実施したりするのにたっぷり時間を使う学校も現れるであろう。教科の知識を問うテストで測るような学力

75

はともかく、国立教育政策研究所の「21世紀型能力」（図15）という観点からの評価では、後者に軍配が上がる可能性も大きい。

極端な時間数設定がなされては不適切というのであれば、中国が2001年の「基礎教育課程改革」で実施した、表5のような教科ごとの幅のあるパーセンテージでのガイドラインを示し、あとは地方や学校の裁量に委ねるという方法も考えられる。

教科目名　（ ）数字は履修学年	9年間を通した時数配分比率
品徳と生活（1、2）、品徳と社会（3～6） 思想品徳（7～9）	7～9%
歴史と社会（または選択科目歴史、地理）（7～9）	3～4%
科学（3～6）、 科学（または選択科目生物、物理、化学）（7～9）	7～9%
国語（1～9）	20～22%
数学（1～9）	13～15%
外国語（3～9）	6～8%
体育（1～6）、体育と健康（7～9）	10～11%
芸術（または選択科目音楽、美術）（学年指定なし）	9～11%
総合実践活動（4～9）	
地方課程、学校課程（学年指定なし）	16～20%
週当たり単位時間数 1～2：26、3～6：30、7～9：34	総計 274
年間総単位時間数 1～2：910、3～6：1050、 7～8：1190、9：1122	総計 9522

表5　中国の基礎教育課程改革で定められた小中9年間を通した教科目ごとの時間配分（「基礎教育課程綱要」[35]より筆者作成）

例えば、ユネスコスクールの間では、ESDカレンダーを用いた教科等の相互連携が広がっているが、あくまでも現在の教科ごとの授業時間数の制約の下での教科間の連携である。究極的な教育目標をまず設定し、そのためにどのような教育内容・教育方法がどの段階で配されるべきかを自由に設定することができれば、現在のESDカレンダーは一層深化させることができる。

それぞれの地域や学校に相応しい ESD カレンダーを作成し、それらを各学校がその成果とともに公表し合えば、現在の教科ごとの授業時間数の制約の下で作られた ESD カレンダーよりも、魅力的なものになることであろう。

　各学年の年間総時間数にしても、それぞれの教科別時間配分にしても、上限のみを国が定め、そこからの削減については思い切って各自治体、各学校の裁量に委ねればよいのではないかと考えている。現在の国が細部まで決めてしまうという方法を続けている限り、がんじがらめで身動きの取れない硬直したカリキュラムになってしまい、時代の変化に対応できなくなってしまう。各自治体、各学校の裁量権を増やすことで、様々な工夫が生まれ、将来を担う子どもたちにとって相応しいカリキュラムが誕生していくものと考えている。

第4章　すでに始まっている「持続可能社会型教育システム」への動き

　第3章第1節で、持続可能な社会づくりに対する国際的な潮流を整理するとともに、日本でも「持続可能な社会」が次期学習指導要領のキーワードとなっていることに触れたが、中教審・文科省が推進する日本の教育行政においても、「持続可能社会型教育システム」の特色の一部導入が始まっている。

　2017年の「地方教育行政の組織及び運営に関する法律」の一部改正によって、地域住民等が学校の運営に参画する学校運営協議会制度の設置が努力義務化された。その結果、目下、学校運営協議会制度を導入する地域運営学校（通称：CS＝コミュニティ・スクール）が急速に増加している。文科省が学校運営協議会制度の普及のために作成したパンフレットには、「複雑化・多様化している学校現場の課題等を解決し、子供たちの教育環境を充実させるためには、地域住民等の協力を得て、社会総がかりで教育の実現を図っていくことが重要で（中略）そのためには、全ての公立学校において学校運営協議会の設置を進める必要がある」ことが記されている。前述の、中教審による「チームとしての学校の在り方と今後の改善方策について」答申とともに、地域と学校との関係をより密接にする学校運営協議会制度の普及・定着は、各地域における持続可能な社会づくりが学校を起点として実現される可能性を開くものである。

　そのほかの学校外を含む教育活動の中にも、「持続可能社会型教育システム」への移行を牽引したり、後押したり、先取りした

第4章 すでに始まっている「持続可能社会型教育システム」への動き

りしていると思われる動きが出てきている。その中で特に筆者が注目している以下の4つの動きを次節以下で紹介する。
（1）地域の学校から社会変革を目指す「地域・教育魅力化プラットフォーム」
（2）学校教育を後押しする日本環境教育フォーラム
（3）21世紀に求められる「対話力」を重視する北杜市立長坂小学校
（4）韓国環境教育学会が提起するEEfS（持続可能性のための環境教育）必修化計画

第1節　地域の学校から社会変革を目指す「地域・教育魅力化プラットフォーム」

　地域・教育魅力化プラットフォームとは、2017年3月に設立された一般財団法人である。日本財団の2016年度特別ソーシャルイノベーターの最優秀賞に選出され、その支援金（約1億円×3年間）をもとに設立された財団で、拠点を島根県松江市に置いている。同財団の公式ホームページ開設前の「プレサイト」の冒頭には、以下のように書かれている。

　　社会に開かれた魅力ある教育の実現により、地域社会の未来に意志ある若者たちが続々と育ち、「過疎化」した地域の「魅力化」が始まり、地方への新たな人の還流が生まれていく。
　　地域は子どもたちが憧れる本気の大人と若者に溢れ、多様な主体が協働しながら課題解決に挑戦し、課題先進地域で起きた様々なイノベーションが拡散・伝播し日本社会全体を変えていく・・・
　　日本はGNH（国民総幸福度）の高い持続可能な社会づく

りのモデルとなり、「課題解決先進国 NIPPON」として世界に貢献していく・・・

　これは、私たちが目指す、一つの未来の姿です。

まさに、「持続可能社会型教育システム」が実際にどのように実現し、どのように拡散していく可能性をもっているかが、250字ほどの中に凝縮して描出されている。

　このプラットフォーム立ち上げの仕掛け人であり、共同代表の一人である岩本悠は、1979 年生まれで、現在の職は島根県教育庁教育魅力化特命官である。岩本は東京学芸大学在学中に 1 年間休学してアジア・アフリカの NGO や地域活動団体などの現場を歴訪し、そこでの様々な出会いや体験を『流学日記』（文芸社、2003 年）として出版している。大学卒業後、ソニー（株）で働いたが、2006 年に島根県隠岐の島の海士（あま）町での出前授業の講師として招かれたのがきっかけで、同年に海士町に移住して、入学者減で統廃合の危機にあった隠岐島前（おきどうぜん）高等学校の再生を実現させている。その間の経緯を、岩本は「『海士町を無人島にしたくない。人口減を食い止めるために教育改革が必要だ』こう訴える町長の山内道雄や職員らの熱意にほだされた。ソニーを辞め、『高校魅力化プロデューサー』という肩書を得て移住した」と語っている[36]。

　岩本が入学者増を実現して再生させた経緯は、山内道雄らとの共著『未来を変えた島の学校——隠岐島前発 ふるさと再興への挑戦』（岩波書店、2015 年）に詳しく記されている。同校の教育課程の中に地域に密着したプロジェクト型の授業を取り入れたり、大学進学希望者にも対応できるように公営の学習塾「隠岐國学習センター」を高校の隣接地に設けたり、そして、2010 年からは県外の生徒を受け入れる「島留学」制度を導入したり

第 4 章 すでに始まっている「持続可能社会型教育システム」への動き

して、入学者増を実現している。隠岐島前高等学校の「島留学」は好評で、2017 年度入試でも 24 人の定員に対して 50 人以上が志願する難関である。島留学で隠岐島前高校に入学する生徒のための寮も、海士町の予算で整備している。また、学校改革・カリキュラム改革による同校の魅力アップによって、松江市内の高校に進学していた島前地区の中学卒業者が隠岐島前高等学校に進学するように変わってきている。その結果、「島前高校魅力化プロジェクト」がスタートした翌年の 2008 年には 89 人にまで減少していた同校の生徒数は、2009 年から回復し始め、2016 年度には 180 人にまで増加している。（図 18 参照）

隠岐島前高校は、グローバルな視点を持ちながらローカルな課題についても考える「グローカル人材」の育成に力を入れ、

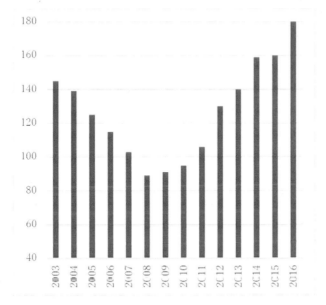

図 18　隠岐島前高等学校の生徒総数の推移
（島根県隠岐郡海士町役場作成のパンフレットより）

写真 1　隠岐島前高校の島留学生寮

　離島では初となる文部科学省の「スーパー・グローバル・ハイスクール」に指定されている。まさに、これからの少子高齢化の必然の結果として到来する多文化共生社会を支える「地域グローバル人材」の育成に早々に着手しているのである。2017 年 7 月に行ったインタビューで、岩本は、地域の課題や資源、魅力を再発見しながら、課題解決に取り組む学びは、どの社会でも通用する力を身につけることに繋がることを力説した。
　岩本は島根県の要請を受け、2015 年春に海士町を離れ、島根県教育庁教育魅力化特命官となり、過疎地域の多い島根県全域の教育改革推進による地域の再活性化に取り組んでいる。特に教育改革にあたっては、学校教育の当事者が教育魅力化を企画するような研修機会を設けたり、地域と学校をつなぐコーディネーターを他県よりも多く配するように促して、地域と学校との連携強化を図っている。

第4章　すでに始まっている「持続可能社会型教育システム」への動き

　地域・教育魅力化プラットフォームが拠点を置く島根県は、日本でもいち早く過疎化が進行した県で、2015年の国勢調査では、全国で唯一、大正時代より人口が少ない県である。人口減少と高齢化がいち早く進行し、しかも中山間地での人口減少が著しいことから、島根県では1998年に農業、鳥獣対策、林業、地域研究の4つのセクションからなる島根県中山間地域研究センターを設立し、過疎対策に乗り出した。県としても産業振興による雇用の創出、Iターン・Uターンの推進、子育て支援に力を注いでいるが、同地域研究センターの地域研究セクションでは、それぞれ地域の実情にあったきめ細かな対策を提案しながら、必要な生活サービスを将来にわたって提供できるような「小さな拠点づくり」に力を入れている。すべての地域で過疎対策が順調に進行しているわけではないが、行政や地域住民の協力の下で対策が軌道に乗ってきた地域も生まれている。

　例えば、島根県中南部に位置する邑南（おおなん）町の場合、移住者増加のために「日本一の子育て村」をアピールし、実際に第2子以降の保育料無料、中学校3年生までの医療費無料などの様々な施策を打ち出した結果、近年は毎年県外から50人以上が移住してきており、2015年度の合計特殊出生率は2.46に上昇している[37]。人口減少は緩やかになり、近い将来には人口増になることも見込まれている。

　この邑南町への移住者増の背後にも、実は教育魅力化もある。邑南町にある県立矢上高等学校の場合、コーディネーター2名が常駐しており、同校の特色ある授業「おおなん学（アントレプレナー教育）」における病院・介護施設等での研修の場の設定など、地域と学校の連携をサポートしたり、県外からの「しまね留学生」のケアや寄宿舎周辺の住民との交流の促進などを行ったりして

いる。特に同校の産業技術科の植物コース、動物コースにおける実習授業を充実させるために、地元の農家や畜産家との連携でコーディネーターが大きな役割を果たしている。

　矢上高等学校では、産業技術科に在籍している「しまね留学生」数人に話を聞くことができた。東京出身の植物コースの生徒は、しまね留学を選択した理由についての問に対して、「東京周辺の高校の農業科への進学も考えたが、授業内容を比較して実習が充実している矢上高校に決めた」と答え、京都出身の動物コースの生徒は、「将来は邑南町で牧場を購入し、もっと効率のよい畜産を行いたい」と将来の夢を語ってくれた。

　2017年度は全校生徒256人のうち、45人が「しまね留学生」である。このうちの何人が邑南町に定着するかはわからないが、邑南町が将来人口増に転じるという予測の一因がこのような学校教育の魅力化にあることは間違いない。

　島根県における教育魅力化の取り組みが成果を上げているのは、多くの学校関係者の貢献の積み重ねの結果でもあるが、岩本らによる隠岐島前高校での成功事例が島根県全体に影響を及ぼした可能性も大きい。岩本が教育魅力化特命官着任後に積極的に取り組んできたコーディネーターの養成と配置の促進が、県内の学校の魅力アップを加速させているのも間違いない。

　このような「教育」の魅力化を起点とした地域の活性化の取り組みを島根から日本全体に、そして世界に広げようとしているのが、地域・教育魅力化プラットフォームである。

　2015年の島根県の合計特殊出生率は、前年比＋0.14の1.8で、沖縄県の1.96に次ぐ高さである。東京都も1.17と若干向上しているが、首都圏や関西圏の大都市地域から地方への人口移動、いわゆる「田園回帰」が促進されれば、日本の少子化は緩和され

第4章　すでに始まっている「持続可能社会型教育システム」への動き

る可能性が大きい。その際にも各地域の教育の充実と魅力化は、移住を決断させる上で非常に重要な要素である。地域・教育魅力化プラットフォームの目指そうとしていることは極めて重要で、特別ソーシャルイノベーターとして最優秀賞に選出されたのも納得できる。

　この一般財団法人地域・教育魅力化プラットフォームの代表理事は、人材開発の分野で名高い（株）リクルートキャリアの元代表取締役・水谷智之である。これまでにも岩本の活動をバックアップしてきたが、地域・教育魅力化プラットフォームの立ち上げを機に拠点を松江に移し、プラットフォームの活動に本気で取り組む姿勢を示している。

　それとともに、同プラットフォームのもう一人の共同代表には認定 NPO 法人カタリバの代表理事である今村久美が就任している。カタリバは 2001 年に今村らが大学在学中に立ち上げた団体で、主として高校生を対象にした独自のキャリア学習プログラム「カタリ場」を出張授業形式で提供し続けてきた。「カタリ場」では活動スタッフは主にボランティアの学生が担い、先生や親（タテ）あるいは同級生（ヨコ）とは異なるナナメの関係の立場から高校生の進路相談に応じたり、大学や仕事について体験談を語りながら、高校生たちとの「本音の対話」を生み出している。実際の「カタリ場」がどのようなものかは、『「カタリバ」という授業　社会起業家と学生が生み出す"つながりづくり"の場としくみ』[38]に詳しく紹介されている。

　団体としてのカタリバは 2006 年に認定 NPO 法人となり、活動の場を地方にも拡大していった。ただし、認定 NPO 法人カタリバ本体が実施している「カタリ場」は首都圏中心で、地方での「カタリ場」の展開は、カタリバからノウハウの技術移転を受

けた各地のNPOや一般社団法人が行っている。

　カタリバ自身の地方への展開という点で、大きな転機となったのが2011年の東日本大震災である。震災後、「コラボ・スクール」という放課後に安心して学べる場を宮城県女川町、岩手県大槌町で2011年に開設している。被災地の子どもたちの学習環境は十分に回復しておらず、狭い仮設住宅では勉強に集中できない子どもたちがいることから、学習支援と心のケアのために設けたものである。塾の講師との連携による一斉授業のほか、海外からの震災支援で「世界」を感じるようになった子どもたちへの英語教育なども展開している。カタリバでは、熊本地震の発生した2016年に熊本県益城町でも「コラボ・スクール」を開設している。

　また、2013年には、地域や身の回りの課題に気づき、その解決のために行動へと移す高校生たちをサポートするために、未来のコミュニティリーダーの育成を目指す課題解決型学習プログラム「マイプロジェクト」を立ち上げている。最初は被災地のコラボ・スクールに通う高校生自身の「町の復興のために、自分たちも何かしたい」「支援される側を卒業して、自分たちが地域や社会をつくっていく人になりたい」[39]という思いから出発した活動であったが、いま全国に広がりつつある。「全国高校生MY PROJECT AWARD2016」には全国から222のプロジェクトがエントリーしており、2017年度に全国の高校で展開されている「マイプロジェクト」は600を超え、参加している高校生は約4,000人に達している。

　プロジェクト型の学習は、「持続可能社会型教育システム」の中核をなす構成要素であるので、ここで、カタリバが立ち上げた高校生を対象にした課題解決型学習プログラム「マイプロジ

第4章　すでに始まっている「持続可能社会型教育システム」への動き

ェクト」の流れについて、ホームページの記載事項を転載（文末表現のみ変更）して紹介しておきたい。

STEP1：スタートアップ合宿（プランニング期間）
　プロジェクトに実際に取り組んだ先輩たちの話を聞いたり、自分の興味関心を掘り下げて考える中で、自分のプロジェクトを見つけ出す。

STEP2：オンラインゼミ（アクション期間）
　プロジェクトの実行を、遠隔でサポートする。遠方でも利用可能なインターネットのビデオ通話を活用して、高校生同士が活動報告をしつつ、大人からもアドバイスをもらうゼミを実施する。

STEP3：マイプロジェクトアワード（リフレクション期間）
　全国でプロジェクトを実行してきた高校生が一堂に会し、自分たちの活動をプレゼンテーションする。マイプロジェクトに取り組む前と後を振り返り、経験を学びに転化する「リフレクション」（振り返り）も行う。

写真2　マイプロジェクトの作戦を練る高校生（カタリバ提供）

87

2016年度の場合、STEP1のスタートアップ合宿は、8月から10月にかけて東京、九州、東北、関西の4か所で、それぞれ2泊3日で実施されている。そしてSTEP3のマイプロジェクトアワードでは、エントリーした222のプロジェクトの中から地域大会やOnline大会で選抜され32プロジェクトが、2017年3月下旬に開催された「全国高校生 MY PROJECT AWARD 2016 全国Summit」で発表している。

　2017年度のMY PROJECT AWARD 2017では従来の4つの地区に加えて、応募の多かった島根県でも2018年3月4日に地域大会が開かれた。大会前日に設けられた発表に磨きをかける場には、県内の14の高校から27のプロジェクト、計51人の高校生が参加したが、県外の大学に進学した先輩10人ほどが戻ってきて後輩の相談に応じていた。「マイプロジェクト」の特徴は、このようにそれぞれのステップで関与するのが先輩の大学生だったり、大人だったりという点であろう。「カタリ場」の場合と同様に高校生から見たタテの関係にある教師ではなく、ナナメの関係にある年長者である。

　持続可能な社会の構築を目指す「持続可能社会型教育システム」の中心的な場が仮に学校であったとしても、地域的な課題についてのアドバイザーとしての適任者はむしろ学校外に存在している可能性が高い。となると、地域社会に関わるプロジェクト学習においては、学校の教員はプロジェクトを進める生徒と学外者をつなぐコーディネーターという役割が重要となる。教員自身がコーディネート力をつける必要もあるが、専門のコーディネーターが各学校に常駐する体制が整うことが望ましい。

　このようなコーディネーターの活動という点では、カタリバの島根県雲南市における活動も注目できる。雲南市の人口は1950

第4章　すでに始まっている「持続可能社会型教育システム」への動き

年の7万人弱が2015年には4万人弱にまで減少しており、若者たちが地域課題の解決のために自ら行動を起こし、まちづくりに参画することが期待されていた。カタリバと雲南市の関わりは、中学生に対する「カタリ場」を市内の加茂中学校で行ったのがきっかけであったが、その後カタリバに対する市からの委託が増えていった。2015年からは廃校となった市立温泉小学校を活用した「おんせんキャンパス」での、中高生向けのプロジェクト型学習支援と、不登校児童・生徒の自立支援にも着手し、2017年からは2つの高校にコーディネーターを派遣するようになっている。カタリバは 2015 年から「おんせんキャンパス」に拠点を設け、2017年度には、合計11名のカタリバの職員・コーディネーターが雲南市で活動している。

　また、雲南市は2016年に「雲南コミュニティ・キャンパス（U.C.C）」と称するプロジェクトを始めている。県内外からやってきた大学生が雲南市の抱える社会課題の解決などに参画することで雲南市に継続的に関わることをねらったもので、フィールドワークやインターンシッププログラムを通した人材育成進めている。このU.C.Cの運営にはカタリバの職員も参加しているが、雲南市の職員や様々な団体、NPOの関係者という多様な人々が参加しており、所属セクターに縛られない協働が実現されている。

　地域の課題を子どもたち自身が解決するためには「教育」が核になるという岩本悠と今村久美の思いが一致し、それを島根から発信してくことを構想し、さらにそのような島根県における「教育」の魅力化を起点とした地域の活性化の取り組みを日本全体に、そして世界に広げようとしているのが、地域・教育魅力化プラットフォームである。まだ、発足して間もないが、岩

本、今村両者のこれまでの実行力と粘り強さが発揮され、それ水谷の持つ経済界との連携についての豊富な経験がかみ合っていけば、すでに意欲にあふれた若者が周りに集まってきており、教育界や経済界からも協力しようという動きが生まれているので、教育を起点とした地域の持続可能性構築の動きが大きく前進していくものと期待している。

第2節　学校教育を後押しする日本環境教育フォーラム

　学校以外の場で参加者中心の学びの普及や地域の活性化に関わってきた組織が、学校教育との関わりを深め始めている例として、本節では公益社団法人日本環境教育フォーラム（JEEF：Japan Environmental Education Forum）を取り上げる。

　日本環境教育フォーラムは、1987年から毎年山梨県の清里高原のキープ協会で開催された清里環境教育フォーラムの実行委員会が母体となって1992年に任意団体として設立された。その後、1997年に「自然学校の普及」「環境教育の普及」「途上国の環境教育支援」を目的として環境省の認可で社団法人となり、2010年からは公益社団法人と認定され、幅広く質の高い環境教育の推進に向けた活動を展開している。

　その出発点となった清里環境教育フォーラム（初回の名称は「清里フォーラム」）について、西村仁志は『環境教育辞典』の「清里フォーラム」の項で「環境問題を担当した新聞記者と、環境庁（当時）職員、環境教育NPOらが、日本各地で環境教育に取り組む実践者のネットワークづくりの必要性を感じ、呼びかけの中心になった。これに応じて集まったのは国立公園のサンクチュアリーのレンジャー、博物館の学芸員、自然保護団体の職員や会員、教員、研究者、行政関係者など、自然体験の現場で

第4章　すでに始まっている「持続可能社会型教育システム」への動き

中核となって働く人たちや、これから自然体験活動を展開していこうという人たちだった」と書いている(40)。つまり出発点としては、自然保護や自然体験を中心とする環境教育を活動のベースとする組織であったといえる。

しかし、清里環境教育フォーラムを重ねる過程で、豊かな自然を育んできた地域社会にも目が向くことになった。1992年に日本環境教育フォーラムの前身とも言える清里環境教育フォーラム実行委員会が編集刊行した『日本型環境教育の「提案」』には、60ページ以上にわたる「地域社会」という章が設けられ、「むらおこしに環境教育を役立てるには」という記述もある。さらに2000年に改訂した新版の『日本型環境教育の提案』(日本環境教育フォーラム編、旧版では「提案」が「」に入っているが新版ではかっこがない)では小河原孝生が地域づくりに関わる自然学校について次のように書いている(41)。

　1987年に始まった清里環境教育フォーラムは、5年間にわたって語り合った夢を、「日本型環境教育の提案」として、1992年に出版した。それから8年。途中の1996年3月、日本環境教育フォーラムは「自然学校宣言」を発表し、全国に自然学校の設立とネットワーク化を呼びかけた。そして夢は現実となり、フォーラムの会員が関わるだけでも、100を超える様々な形態の自然学校が、活発な活動を展開している。

　その中でも、地域づくりに関わる自然学校は、近年になって、増加の一途をたどっている。それは、特に中山間地域において、地域特有の自然や文化に立脚し、その保全を前提に、地域の人材を活用して、体験型の環境教育の場を提供し、地域社会の活性化を図るタイプや、里地や都市部において、地域住民との協働をもとに、ワークショップなどの場を提供し、

講演や街づくりを進めるタイプなど、「環境教育のプロセスを内在化した地域づくり」として捉えられる。

2011年の日本環境教育フォーラムの調査では、日本には約3700の自然学校が存在している。そしてこれらの自然学校の変容について、前出の「環境問題を担当した新聞記者」である岡島成行（日本環境教育フォーラム前理事長）は、『環境教育辞典』の「自然学校」の項で「自然学校は1990年代までは自分たちの経営を軌道に乗せることに力を注いでいたが、地域の活性化に目を向けるようになった。多くの自然学校は自然の豊かなところ、すなわち過疎地域にあったため、過疎化の進む状況をまのあたりにし、過疎を食い止めるための自分たちの役割を意識するようになった」と書き、地域の活性化と取り組んでいる自然学校の例として、長野県泰阜（やすおか）村にあるグリーンウッド自然体験教育センターと、三重県大台町にある大杉谷自然学校を取り上げている[42]。岡島は、そのような地域活性化を事業目標の一つに組み入れている自然学校を、自然を舞台に子どもたちを教育する第一世代の自然学校に対して、第二世代と位置づけている。さらに2011年の東日本大震災の直後から被災地にはいり、RQ市民災害支援センターを立ち上げて現地で支援活動をつづけた自然学校関係者が、「その経験から、学校、行政、地域社会、ボランティアなどの中心になって地域復興を実践する自然学校を意識するようになった」と述べ、そのような動きに対して自然学校の第三世代と位置づけている[43]。本書の書名流に名づければ、「自然学校3.0」ということになる。

地域の様々な人々を巻き込んで、ワークショップ形式の学びを取り入れて地域の活性化に取り組んでいる自然学校の活動は、まさに、本書で述べてきた「持続可能社会型教育システム」の一

第4章 すでに始まっている「持続可能社会型教育システム」への動き

つの在り方である。『日本型環境教育の提案』の刊行や「自然学校宣言」の発表で、多くの自然学校の誕生の起点を作り、さらに毎年清里ミーティング（旧称：清里環境教育フォーラム）を開催して自然志向の若者たちと自然学校の運営者たちとのマッチングを行ってきた日本環境教育フォーラムの果たしてきた役割は高く評価されてよい。

　2017年11月18日（土）から20日（月）の3日間にわたって北杜市清里のキープ協会の清泉寮・山梨県立八ヶ岳自然ふれあいセンターを会場として開催された第31回清里ミーティングのテーマは、「組織・活動を変革する17の視点 〜SDGsでつくる私のアクション〜」であった。ちなみに2014年のテーマは「ESDの10年（2005−2014）後の環境教育」、2015年のテーマは「地域をつくる環境教育」、2016年は「環境教育の未来を考える！あなたの次の一歩は？」となっており、これからの環境教育が何を目指していくべきか、そこで一人一人がどのよ

写真3　2017年度の清里ミーティング参加者集合写真（JEEF提供）

うな役割を果たすべきかを考えさせ、行動を促すものとなっている。また、清里ミーティングで展開される多数のワークショップも、主催者である日本環境教育フォーラムが準備するワークショップのほかに、参加者が主体となって企画・実施するワークショップも多数あり、ここにも、「持続可能社会型教育システム」の目指すべき姿がすでに実現されている。

　日本環境教育フォーラムには、多くの自然学校を生み出したという側面以外に、多くの企業のCSR（企業の社会的責任）活動として、前述のESDやSDGsに目を向けさせる役割を果たしてきたという面も大きい。例えば、日本環境教育フォーラムが任意団体となった1992年の翌年に、当時の安田火災（現：損保ジャパン日本興亜）と「市民のための環境公開講座」を共催で開設したことは、企業とNGOのパートナーシップの先駆けとして画期的なことであった。また、過去31回の清里環境教育フォーラムの会場となっているKEEP協会に環境教育事業部をたった一人で作り、清里環境教育フォーラム開催の提案者の一人で、その後フォーラム運営の中心的な役割を果たしてきた川嶋直（日本環境教育フォーラム現理事長）の存在も大きい。

　川嶋は、1980年にKEEP協会に就職後、1984年に完成したネイチャーセンターを拠点にエコロジーキャンプを開いていった。そして、2005年以降、川嶋の勤務するキープ協会は企業との環境教育のコラボレーションを積極的に進め、今では、キープ協会の環境教育受託事業の中で企業の比率が学校や行政の2倍以上になっているという[44]。企業のCSRの対象として環境教育やESDという教育に目を向けさせ、そのためのプログラムを開発し提供するという点でも川嶋の果たしてきた役割は大きい。川嶋は2010年ごろから徐々にキープ協会の直属という立場

第 4 章　すでに始まっている「持続可能社会型教育システム」への動き

から離れ、フリーのワークショップ・コーディネーターとして、主に企業や行政の委託を受けてワークショップの技法やプレゼンテーションの技法の普及を図るとともに、日本環境教育フォーラムの活動にも積極的に関与していった。

川嶋が企画・運営の中心になって進めた特筆すべき環境教育事業の一つに、2005 年 3 月から 185 日にわたって愛知県で開催された「愛・地球博」がある。日本国際博覧会協会主催の「愛・地球博」において、森の自然学校（長久手会場）と里の自然学校（瀬戸会場）の運営を受託した日本環境教育フォーラムでは、2002 年から川嶋をチーフとするプロジェクトを立ち上げ、全国から約 100 人のインタープリターを選抜し、両会場への来場者に対する環境教育プログラムの提供の準備などを進めていった。この「愛・地球博」には延 55 万人が来場したが、このイベントを通して「自然学校」という言葉と、「インタープリター」という言葉は一気に普及したといってよいであろう。

また、川嶋のほか日本環境教育フォーラムの理事を務める阿部治、中野民夫らが 2011 年に取りまとめた『次世代 CSR と ESD 企業のためのサステナビリティ教育』は、その帯に「これからの企業と企業人に、サステナビリティの 3 つの視点と 3 つのアプローチを提案します。」と書かれているように、サステナビリティの重要性を企業や企業人に啓発する内容となっている。ここでの 3 つの視点とは、〈未来・将来世代〉〈ひと・世界中の人々〉〈自然・生態系〉で、3 つのアプローチとは〈対話と協働〉〈参加体験型の学び〉〈文化と知恵の再評価〉で、「持続可能社会型教育システム」において重視する視点や教育手法と重なる部分が少なくない。

このようなキープ協会の環境教育事業や日本環境教育フォー

ラムと民間企業のコラボや日本環境教育フォーラム関係者からの発信は、企業側にも影響を及ぼしており、前述の日本経済団体連合会が企業行動憲章を改訂するにあたって、SDGsを正面から受け止めようとした姿勢にもつながっているとも言える。

　日本環境教育フォーラムは、その発足の経緯からも自然学校などの社会教育に軸足を置いてきた組織であるが、今後の教育の在り方についても早くから模索してきている。その一つの例が、GEMSの普及活動である。

　GEMS（Great Explorations in Math and Science）は、カリフォルニア大学バークレー校のローレンスホール科学教育研究所が1980年代に開発した幼稚園から高校生を対象とした科学・数学領域の参加体験型プログラムである。子どもたちがアクティビティを通して自ら発見していくというプロセスを体験することで、学習意欲や批判的思考力を高めることを目指したものである。科学・数学領域の学習プログラムであるため、その目標には「科学・数学の重要な概念の理解を高める」「科学・数学の鍵となる技術に熟達するよう促進する」「科学・数学に前向きな姿勢を育てる」といった科学・数学領域に特化したものが掲げられているが、第一番目に掲げられているのは、「論理的思考ができる、自立した学習者の育成」という目標である[45]。

　日本環境教育フォーラムは、2000年にジャパンGEMSセンターを設立して、日本でのGEMSの普及のために、指導者用テキストの翻訳出版や指導者育成を行っている。GEMSの英語版のテキストは70数冊に及ぶが、そのうち35冊の日本語訳を同センターは刊行している。GEMSを指導する「リーダー」の養成も、年間約100人に上っており、すでに1500人以上のリーダーが、科学館や児童館のスタッフなどで活躍している。ジャ

第 4 章 すでに始まっている「持続可能社会型教育システム」への動き

パン GEMS センターとしても独自の目標を掲げており、その冒頭には「『理科嫌い』をなくす」と記されている。持続可能な社会の構築には、科学的・論理的思考も不可欠であるが、様々な調査で明らかになっている日本の子どもたち、特に中学生の理科に対する意欲・関心の低さは目を覆うばかりである。ジャパン GEMS センターは、自らの使命を次のように掲げているが、その使命が実現されていくことを期待したい。

> 未来の社会を担う存在である子どもたちの思考力・判断力を育てることによって、現実世界をより深く理解できるようにし、環境教育の目指す持続可能な社会の実現を目指します。そのために、GEMS が全国的に認知され、学校、家庭、科学館などで子どもたちに GEMS プログラムが提供されるよう、普及に努めます。

上記の GEMS の普及活動もある意味で学校教育を補完する教育活動と言えるが、学校教育側が学習者のアクティブ・ラーニングや授業のワークショップ化、教師のファシリテーション能力を求めるようになったことで、日本環境教育フォーラムは、学校教育に対してもより大きな影響力を及ぼし始めている。また学校教育側からの要望もあって新たな事業展開を始めようとしている。

2014 年 11 月に当時の下村文部科学大臣が中央教育審議会に次期学習指導要領についての諮問を行い、その諮問文の中に 4 回も「アクティブ・ラーニング」という言葉が登場して、日本の学校教育の世界にアクティブ・ラーニング、ワークショップ、ファシリテーションという言葉が一挙に広がった。それ以前は、学校教育関係者の中でもワークショップ型の授業をしたり、教師としてのファシリテーション能力を高めていたりした人は環

境教育、開発教育、国際理解教育などに関わっている一部の人に限られていたといってもよい状態であった。

そのような中で、上記の日本環境教育フォーラムの理事・中野民夫は2001年に『ワークショップ』、2003年に『ファシリテーション革命』を岩波書店から刊行している。その当時の中野は、広告代理店・博報堂で企業のCSR活動などに関わるワークショップの企画・実施を行っていた。その後、同志社大学教授を経て、現在は東京工業大学リベラルアーツ研究教育院の教授をしており、両大学における大人数対象授業でのワークショップの実践手法を『学び合う場のつくり方―本当の学びへのファシリテーション』(岩波書店、2017年)で紹介している。これらの中野の著作のうち、とりわけ『ワークショップ』と『ファシリテーション革命』は、2014年11月の諮問で「アクティブ・ラーニング」が話題になって以降、学校教育関係者が参考にすることが増えている。

現在、日本環境教育フォーラムの理事長に就任している川嶋は、それまで培ってきた経験から、参加者をワークショップやプロジェクトの活動に引き込む様々な新たな技法を独自に開発してきた。なかでも、2013年にみくに出版から出版した『KP法 シンプルに伝える紙芝居プレゼンテーション』とYouTube上の動画で普及を図ったKP法(紙芝居プレゼンテーション法)という、要点を書き入れた紙をホワイトボードや黒板に貼りながら説明していくプレゼンテーション法は、学校教育の現場にも広がりつつある。

A4サイズの手書きの紙10~15枚を横長に切ったマグネットで次々に貼っていって、2分から4分でひとまとまりのプレゼンテーションをするKP法の特徴は、短時間でシンプルに記憶に残

第4章　すでに始まっている「持続可能社会型教育システム」への動き

写真4　KP法を実演する川嶋直

るように伝えるために、「情報を絞り込み、捨てる」点にある。川嶋は、当初、KP法の主な利用対象を企業関係者と想定していたが、学校関係者からの反響も大きかった。特に、アクティブ・ラーニングが推奨されるようになってからは、授業の冒頭数分でKP法を用いて黒板に授業内容を貼りだし、残りのたっぷりの時間で生徒にディスカッションなどをさせるという教師が増え、KP法愛好教師がネット上で自らのKP法利用実践を報告し合うという動きが生まれてきた。そして、2016年には皆川雅樹（産業能率大学准教授）とともに教室での実践事例を多数掲載した『アクティブラーニングに導くKP法実践：教室で活用できる紙芝居プレゼンテーション法』（みくに出版）を刊行している。

日本環境教育フォーラム関係者の多くは、清里環境教育ミーティングの定番となっているワールドカフェを愛用している。ワールドカフェとは、カフェのようなリラックスした雰囲気の

中で 4 人から 6 人の参加者が何らかのテーマについて意見を交換し、卓上の模造紙などにキーワードなどを書いていき、その後メンバーを交換して、書き残された内容を参考にしながら議論を深めていく手法である。そのワールドカフェをテーブルのない環境でもできるようにと川嶋が開発したのが、「えんたくん」という直径 1 メートルほどの円形の段ボールで、その「えんたくん」を活用したワールドカフェには「えんたくんミーティング」という名称も生まれている。

　この「えんたくん」の多様な活用方法を川嶋と中野は『えんたくん革命！』（みくに出版、2018 年）にまとめ、その普及を図ろうとしている。この「えんたくんミーティング」も学校教育の場で広く使われ始めており、筆者がたびたび訪問している杉並区の西田小学校の研究授業後の研究協議会では、ホワイ

写真 5　清里ミーティングの定番プログラム「えんたくんミーティング」（川嶋直氏提供）

ボード版の「えんたくん」(コミュニケーションボード) を囲んだ場で授業についての感想・意見を述べ合い、発表している。

日本環境教育フォーラムでは、中心メンバーの著作や活動が、学校教育の世界で受容されてきており、また、学校現場からの要望も多いことから、2018年度から教員免許更新講習への参入を視野に入れている。日本環境教育フォーラムのメンバーがこれまで開発してきたワークショップや、プレゼンテーション、ファシリテーションの技法の学校現場へ「技術移転」をしようということである。

このような日本環境教育フォーラム一連の動きは、まさに学校と学校外をつなぐもので、「持続可能社会型教育システム」へと向かう動きの一つと捉えることができるであろう。

第3節　21世紀に求められる「対話力」を重視する北杜市立長坂小学校

総合的な学習の導入以来、日本の大部分の学校は地域との連携を深めてきている。したがって、ここで取り上げる山梨県北杜市の長坂小学校がその点で突出しているわけではない。しかし、北杜市立長坂小学校は、将来の多文化共生社会において子どもたちに何が求められるのかを追究し、そこから「対話力こそをこれからの日本の子どもたちに求められている」という結論を導き出した。そして、そのためには、子どもたちに様々な学外の人々と「対話」する機会を設ける必要があると考え、それを実現していこうとしている。本書で述べてきた「持続可能社会型教育システム」の実現にとっても、この長坂小学校取り組みは、参考になる事柄が少なくない。

長坂小学校は、山梨県最西部の北杜市のほぼ中央部に位置し、

北に八ヶ岳、南西に南アルプス、南東に富士山を望む全校生徒350人弱、教職員42人（2017年5月現在）の学校である。北杜市は首都圏からの流入人口が流出人口を補完していることから過去半世紀ほど、人口は5万人弱で比較的安定している。しかし、シニア層移住者に比べて若年層移住者の割合が低いので、学齢人口の減少は避けられず、現在の長坂小学校は2013年4月に少人数化した近隣の4つの小学校を統合して誕生した学校である。統合前の旧長坂小学校時代から「長坂小おやじの会」など、保護者の学校に対する支援は活発であったが、統合後の新生長坂小学校は学外の団体・企業等との様々な連携を拡大しており、同校の学校要覧に記載された学校経営の基本方針の「③学校・保護者・地域・関係機関が『チーム長小』となり、『主体的・対話的で深い学び』の実現とグローバル時代を生き抜く力の育成に努める」を着実に実行している。

　まず、授業研究面での共創型対話研究所との強い連携が目を引く。共創型対話研究所は、前述の多田孝志が2015年3月に目白大学の退職を機に立ち上げた授業研究グループである。多田が重視する授業における「共創型対話」に共感する教員が研究会に参集しており、主に授業実践報告を掲載する機関誌も年3回ほど刊行している。

　次期学習指導要領についての文科相諮問と中教審における当初の審議で注目を集めていた「アクティブ・ラーニング」が、中教審の最終答申段階で「主体的・対話的で深い学び」と言い換えられて以来、「対話」の名を掲げた教育関係書の刊行が盛んである。しかし、多田は20年以上も前から学校教育において「対話力」向上にもっと力を注ぐべきであることを主張してきた。多田は「対話」について「話し合いの一形態ということでなく、

第4章　すでに始まっている「持続可能社会型教育システム」への動き

　（中略）多様な他者との関わり合い、新たな知恵や価値、解決策などを共に創り、その過程で良好で創造的な関係を構築していくための、言語・非言語による表現活動」[46]という概念規定をしており、一般に流布している「対話」より関係性を重視した概念である。
　「対話」の中でも、多田が特に重視しているのが「共創型対話」で、「参加者が協力して、よりよい結果を希求していき、その過程で創造的な関係が構築できる対話」と説明している[47]。多田が「共創型対話」を重視する根底には、海外の日本人学校の教師を6年間勤め、その後、日本の小学校から大学院に至るすべての学校段階で授業実践を続けるかたわら、たびたび海外に出向き、海外の教育事情を肌で感じ取り、これからのグローバル時代、多文化共生時代に日本の子どもたちに決定的に不足しているのが「共創型対話力」であるという確信があるからである。多田は次のように述べている[48]。

　　日本の子どもたちの対話力が高まらないのは、子どもたちに能力がないのではなく、日本の学校、社会に対話を活用する環境が希薄なこと、また対話力アップのためのトレーニングをする機会がないことによる。
　　さらに、主要因のひとつは、対話力を向上させる力量をもった教師が少ないことにもある。（中略）対話指導の実際的な方法を伝えられない教員養成や現職研修にこそ大きな問題がある。現職研修については確かに、コミュニケーションに関する研修は最近増加してきた。その多くはハウツーの手法の紹介である。多文化共生時代に生きて働く対話力についての認識を高め、また目の前の子どもたちの実態に対応した対話スキルを教師自身が開発する力を高める研

修になっていないのが現状ではなかろうか。
　多文化共生時代が目前に迫っていながら、最も必要とされる対話力向上のための手だてが希薄であることへの怒りに近い多田の思いが表われている。
　長坂小学校では、堀内正基前校長のころから多田の多文化共生の哲学に深く共鳴し、子どもたちの「対話力」向上のための教師の手立てについて多田を招いて指導を受けてきた。さらに、丸茂哲雄現校長になってからは、共創型対話研究所との連携を強めて、2016年12月には同研究所の研修会と共催の公開授業、公開講演会を長坂小学校で開催している。その後も、2017年8月に栃木県塩原で開催された研修会には長坂小学校の5人の教員が参加し、2017年11月に島根県松江で開催された研修会には、校長、教頭を含め合計7人の教員が参加している。
　松江での研修会に7人も参加したのは、松江市立古江小学校の校長らが長坂小学校での研修会に参加したことをきっかけに、学校ぐるみで授業実践の動画交換などを行って、ともに対話型授業のスキルアップを進めてきたという経緯があったからである。筆者も教職課程や教育学科の教員として相当数の授業を見てきたが、長坂小学校での公開授業も、古江小学校での公開授業も、教師と児童との一体感がある中で子どもたち同士の落ち着いた対話が存在する見事な授業であった。
　これからの多文化共生時代に生きる子どもたちに求められるのは、しっかりと相手の主張を受け止めるとともに、自分の意見をちゃんと伝えることができる「対話力」であると考えてきた長坂小学校では、「対話のある深い学びを追求する長坂小学校」というキャッチフレーズを学校要覧にも掲げている。校内にも対話に関する掲示を掲げるなど、児童が対話をしたくなる環境

第4章　すでに始まっている「持続可能社会型教育システム」への動き

写真6　対話型の授業に取り組む長坂小学校の児童（長坂小学校提供）

づくりに配慮するとともに、多様な学外者と接する場を増やすことが子どもたちの「対話力」を向上させると考え、そのような場を増やすことに力を注いでいる。学外者との協力関係の構築には、校長以下の管理職が中心になりがちであるが、長坂小学校では、すべての教職員が学外者との協力関係を構築することを促しており、そのためにすべての教職員の名刺を作成して持たせている。

　長坂小学校のホームページの「児童の様子」のコーナーを見ると、実に多彩な行事やイベントがたくさん行われていることに驚かされる。中でも、児童の国際理解を促す活動は、以下の表のように頻繁になされている。2017年4月から10月までの期間だけでも、海外事情の見聞を広めたり、海外の人と直接交流したり、海外の子どもたちと作品を交換したり、難民キャンプ

105

の子どもたちに支援したりと、JICA 山梨やキープ協会などと密接な連携をとりながら多彩な催しを行っている。このような連携が実現できているのも、前年度まで長坂小学校で 5 年生を担任していた教員が、学校外の様々な組織に打診して交流の可能性を拡大してきたことが大きいと、丸茂校長は指摘している。

5月10日	6年生が修学旅行でJICA地球広場や外務省の国際会議室を訪問
6月22日	キープ協会滞在中のアメリカからの留学生2人を招いて交流会
6月30日	3年間ヨルダンに滞在した青年海外協力隊員からシリア難民の話を聞く
9月13日	シリア人難民キャンプで暮らす子どもに日本を紹介する作品を送付
9月21日	ザンビアの小学校との交流会。コマ回し、紙風船作り、習字体験の提供
9月28日	フィリピンからの留学生と交流。一緒に給食を食べたり、習字体験など
10月4日	スカイプを通してヨルダンのシリア難民の児童と交流
10月14日	八ヶ岳カンティフェアにブースを出展。難民支援の募金活動を実施

以上は、主に 6 年生が関わった国際交流に関するものであるが、地域の団体や個人の全面的な協力によって実施できている行事やイベントも多い。そのうちの 2017 年 6 月以降の主なものを拾い出すと以下のようなものがある。

6月13日	長坂ファーム等の協力で大豆の種まき（3年）
6月13日	キープ職員による学校林の観察指導（6年）
6月23日	隣接する自動車教習所でドライブ趣味レーター体験など（6年）
7月6日	地元の茶道愛好家の指導で茶道体験（6年）
7月20日	オオムラサキセンター職員の講義の後、昆虫採集（3年）
7月21日	甲州手彫り印章の講師の指導で篆刻体験（4年）

第4章　すでに始まっている「持続可能社会型教育システム」への動き

9月6日	保護者による学校林整備後、児童が巣箱設置（6年）
10月10日	地元の大規模マーケットを訪問し、買い物客へのインタビュー（3年）
10月15日	山梨掃除に学ぶ会の指導でトイレピカピカ大作戦を実行
10月15日	長坂ファームの協力で稲刈りと脱穀（5年）
10月20日	親子学習会で助産婦さんから命の大切さの講話（4年）
10月20日	地元の歴史に詳しい方よりため池と用水路の講話（4年）

　以上のイベントの講師や協力者の中には、保護者も混じっているが、保護者だけに頼らず、それぞれの学年の担任が北杜市内の企業や関係者に直接働きかけて実現したものも少なくない。児童の主体性や対話力を育むために、まず各教員の主体性と対話力を磨くという長坂小学校の考え方が着実に結果を生み出しつつあるように思われる。

　長坂小学校では、「対話力」の基礎をなすものとして、上記の様々な体験とともに豊富な読書による広範な知識の獲得も重要と捉えている。子どもたちの読書の習慣を育むために、毎週木曜の始業前の7〜8分、すべてのクラスでボランティアによる「読み聞かせ」が継続して行われている。2018年1月時点で「読み聞かせボランティア」は全12クラスの2倍以上の27人に達しており、新たに男性のボランティアも加わっている。学外のボランティアが学校に関与すると、往々にしてその対応に教員が時間を取られることが多いが、長坂小学校の場合、ボランティア自身が翌週以降の担当表に次々と氏名を記入し、図書室の飾りつけなども、ボランティアが発案・実行している。

　長坂小学校の図書館は、借り出し・返却にも最適な玄関を入った正面に広々としたスペースで設けられており、週末に子どもたちが図書館から本を借りて自宅に持ち帰り、家族とともに

本に親しむ「家読（うちどく）」も奨励している。そのような効果が、2016年度の児童一人当たりの年間貸出図書数が212冊という驚異的な数値を生み出しており、同校は平成29年度の読書活動優秀実践校として文部科学大臣賞を受賞している。

　多田が重視する共創型の対話を成り立たせるためには、提供すべき話題も豊富に持っていた方がよい。対話の相手との信頼関係構築には、対人関係における基本的な振る舞いやマナーも身に付けておく必要がある。相手の話をしっかり聞いて咀嚼し、理解し、応答する基本的な姿勢も求められるであろう。長坂小学校の先生方が準備して実行している様々な行事やイベントを通した様々な体験と、「家読」やボランティアの協力を得て毎週行っている「読み聞かせ」で培った読書の習慣は、児童の「対話力」向上の重要な基礎を作っている。小手先の手立てに走らず、じっくりと基礎固めから進めている点は、大いに評価されてよいであろう。

写真 7　新たに男性ボランティアも加わった長坂小学校の木曜朝の読み聞かせ（長坂小学校提供）

第4章　すでに始まっている「持続可能社会型教育システム」への動き

　以上紹介したように、長坂小学校はこれからの多文化共生社会に生きる子どもたちに求められる最も重要な能力が「対話力」であると捉えている。そのために「対話力」の基礎を作るための読書の習慣づけを、児童の家庭と一体になって展開してきていることも重要であるし、意識的に学外の団体・企業との連携を拡大し、教員も児童も学校外の様々な人たちと対話をする機会を増やしてきていることは、なかなかほかの学校ではまだまだ実現できていないことである。本書で「持続可能社会型教育システム」の要点の一つとして述べた「教員以外の、実際の社会の形成者を指導者として招く」ことを、長坂小学校はすでに相当程度まで実現している。そして、「持続可能社会型教育システム」においていよいよ重視される「対話力を、どのようにして身に付けさせるのか」についての基本的なスタイルを示してくれている。

第4節　韓国環境教育学会が提起するEEfS必修化構想

　以上で述べた「地域・教育魅力化プラットフォーム」や「日本環境教育フォーラム」の学校教育への関与は、「持続可能社会型教育システム」への移行を促す重要な動きであるが、「持続可能社会型教育システム」の教育内容そのものに深く関わるものではない。それに対して以下で紹介する韓国環境教育学会が提起するEEfS（Environmental Education for Sustainability：持続可能性のための環境教育）必修化構想は、持続可能な社会の構築に直結する環境教育を、新たな枠組みの下で必修化させようという動きである。

　韓国では、韓国環境教育学会の強い働きかけにより、1992年に告示された第6次教育課程で中等教育段階の選択科目に環境

科目が開設された。また、環境科目の設置決定に続いて 5 つの師範大学に環境教育学科が開設された。しかし、中学や高校の選択科目群の中で環境科目の選択率が高くなかったこともあって、環境教育学科の卒業生が環境教育の専任教員としてほとんど採用されないという事態に直面している。環境教育学科を開設した 5 つの大学のうち、すでに 2 つの師範大学が環境教育学科を改組して環境教育の専任教員養成から撤退している。したがって、韓国における環境教育の教科化ないし科目化は失敗であったと評価する向きもある。

　しかし、中等教育段階の環境科目の内容は、国際的な環境教育の動向や韓国内の政治・経済・社会の動きを反映して、教育課程の改訂ごとに新たな工夫を加えており、韓国のみならず世界全体の環境教育の進展に大きな貢献をしてきたと筆者は高く評価している。表 6 は、韓国の環境科目の開設以降の変化の重要な点を整理したものである。

　韓国の高等学校の環境科目の内容は、開設当初は生態的な環境に重きを置いていた。しかし、環境教育の国際的な潮流をしっかりと受け止めて、学習内容の革新を続けてきた。1992 年のリオ・サミットにおけるアジェンダ 21 から 2002 年のヨハネスブルグ・サミットに至る過程で ESD（持続可能な開発のための教育）という概念が確立されたが、そのような国際的な潮流を受け止め、2007 年改訂教育課程では「持続可能性」を全面に掲げる改訂を行った。また、2015 年改訂教育課程では「社会体系」という用語が前面に登場し、社会的な持続可能性に関わる内容がより大きな比重を占めるようになっている。教育方法に着目すると、2009 年改訂で「環境プロジェクト」という探究型のプロジェクト学習が登場し、2015 年改訂教育課程では、探究的な

第4章　すでに始まっている「持続可能社会型教育システム」への動き

学習が増加して全体の4分の1を占めるほどになっている。この探究学習重視は、日本の次期学習指導要領におけるアクティブ・ラーニング重視と類似した動きで、世界的な教育方法の変革の流れをしっかりと受け止めている。

改訂年次 科目名称	主要な特色
第6次教育課程 （1992年告示） 「環境科学」	「環境科学」という科目名称に表れているように、環境に対する科学的知識と技術工学的な解決策が強調され、環境保全が重視された。
第7次教育課程 （1997年告示） 「生態と環境」	1992年にリオ・サミットが開かれ、さらに「気候変動枠組条約」と「生物多様性条約」への署名が開始されたことを受けて、資源・エネルギー問題と生物多様性といったテーマが取り上げられた。新たに「生態系と環境」という章が登場し、科目名も「生態と環境」に変わった。
2007年改訂 教育課程 「環境」	政権の交替によって学校で実施されることはなかったが、1997年のテサロニキ会議や2002年の持続可能な発展に関する世界首脳会議などを背景に、「持続可能性」という視点が強調された。
2009年改訂 教育課程 「環境と緑色成長」	李明博前政権の「緑色成長政策」の影響が強く、「環境と緑色成長」という科目名称に端的に表れているように、「緑色成長」が前面に出されている。また、「環境プロジェクト」というプロジェクト学習が登場した。
2015年改訂 教育課程 「環境」	「緑色成長」に代わって「社会体系」が前面に登場し、環境科目の内容の定番と思われた「環境問題」が大項目、中項目からなくなり、「生態系と社会体系の相互作用」という枠組みの中で個々の環境問題が扱われるようになった。

表6　韓国の高等学校環境科目の特色の変遷

韓国の環境科目の学習内容の決定には一貫して韓国環境教育学会が深く関与してきた。環境科目の改訂にあたっては、韓国環境教育学会ないし同学会員が深く関与する研究機関に検討が委託され、その検討結果が相当部分反映されてきた。例えば、2009年改訂で「環境プロジェクト」が導入された背後にも、韓国環境教育学会からの働きかけがあった。「科学」や「社会」といった隣接教科で環境に関わる学習内容が増加し、逆に環境科目の独自性が問われる状況の中で、同学会は、学際的・統合的な学習内容を重視することと、環境プロジェクトという探究的な教育方法を大胆に取り入れることを教育課程作成担当者に申し入れて、環境科目を新たな方向に向かわせた経緯がある。

　しかし、前述のように環境教育学科を置く師範大学が減少する中で、学会としても教育課程の革新を働きかけるだけでは不

写真 8　環境プロジェクトの成果を説明するソウルのスンムン中学の生徒たち（元鍾彬提供）

第4章 すでに始まっている「持続可能社会型教育システム」への動き

十分で、学校教育における環境教育の必修化を含めた位置づけ強化の必要性を痛感し続けてきた。そこで、ムンジェイン（文在寅）革新政権の発足を機に、韓国環境教育学会として学校における環境教育や ESD の再活性化に向けて積極的に働きかけを始めている。以下、その最新情報を紹介する。

　2017 年 11 月 4 日にソウルのエネルギー・ドリーム・センターで開催された韓国環境教育学会 2017 年下半期学術大会において、環境教育学科を置く公州大学環境教育学科のイジェヨン（李在永）教授が、「新しい国家環境教育推進体系（案）」というタイトルの発表を行った[49]。その内容は韓国環境教育学会が 2017 年 12 月に環境部に提出した「国家環境教育推進体系構築法案」の骨子の紹介といえる。イジェヨン教授は、韓国環境教育学会の事務局長でもあるので、学会の執行部を代表しての発表という意味もあった。筆者自身は帰国便の都合で発表そのものを聞くことはできなかったが、発表に先立ち、1 時間以上にわたってイジェヨン教授から、直接、発表内容のレクチャーを受け、疑問点に対しても回答してもらった。

　まず、そもそも学会として「国家環境教育推進体系構築法案」を取りまとめることになった経緯を訊ねたところ、ムンジェイン政権発足後ほどなく、環境部側から韓国環境教育学会に対して「国家環境教育推進体系構築法案」の研究・取りまとめを委託されたとのことである。委託を受けた学会では、様々な分野の学会員 15 人でプロジェクト・チームを立ち上げ、3 か月ほど集中的に検討した。その結果が「国家環境教育推進体系構築法案研究」に集約されているという。

　プロジェクト・チームは、まず、ムンジェイン大統領が 2018 年に憲法を改正して「市民安全権」を盛り込もうとしているの

113

を機に、環境権の一つである「環境学習権」の憲法への記載を求めることを報告の冒頭に据えることにした。

　大統領選挙において、ムンジェイン大統領は、「国民の安全と生命を守ることによって、国民一人ひとりが安心して生業に従事し、自己実現できるようにすることが国家共同体の中で最も基本的な任務で、セウォル号惨事が象徴的に示すように、過去の政府は、その最も基本的な任務を忘却してきた」と指摘し、「国民の安全と生命を守る安心社会の構築を最優先国政戦略的に確立すること」、「国と国際社会の存立を脅かす環境リスクに対する国民の不安を根本的に解消するよう積極的に対応すること」などを選挙公約に掲げてきた。政権の100大課題の中には「持続可能な国土づくり」「脱原発政策で安全でクリーンなエネルギーに転換」などが盛り込まれている。そして、それらの公約を実現するために、2018年中に憲法改正を行って「市民安全権」を盛り込む方向で準備を進めているという。韓国環境教育学会としては憲法改定を機に「市民安全権」に関する記述に「環境学習権」を盛り込むことを求め、そこに幼稚園児から高校生、すべての教員、公務員から軍人にまで環境教育の義務化を求める方向で報告書をまとめている。

　この公務員等の環境教育義務化は、台湾が2014年に環境教育推進法を成立させた際に、総統をも含むすべての公務員に年間4時間の環境教育の義務化を盛り込んだことを参考にしたものと思われる。

　報告書では、国家環境教育体系の樹立の方向性として、環境部と教育部を環境教育推進のツートップと位置づけ、環境部と教育部にまたがる環境教育振興院を新たに設け、その中に既存の国家環境教育センターを位置づけるとともに新たに環境教育

第4章 すでに始まっている「持続可能社会型教育システム」への動き

研究院、韓国環境人材開発院、サイバー環境教育院を設けて環境教育の計画・支援の充実を図ることを提案している。イジェヨン教授が学会で発表した「新しい国家環境教育推進体系（案）」の発表資料集には、それぞれのセンターや研究院、開発院等の役割や機能の詳細や、環境教育センターを国家－広域自治体－基礎自治体の三層構造として構築すること、さらにはそれらの充実のために環境改善特別会計予算の 5％を環境教育基金に助成するように法律上明示することを求めることが記載されている。2016 年の特別会計予算の場合、約 5 兆ウォンであるので、充当すべきとしている環境教育基金は約 2500 億ウォン（約 250 億円）となる。

「国家環境教育推進体系構築法案研究」に盛り込む予定の環境教育の名称は、本節のタイトルにも掲げたように EEfS（Environmental Education for Sustainability＝持続可能性のための環境教育）である。プロジェクト・チームが EEfS という名称を採用した理由について、学会発表では触れていないが、イジェヨン教授は個人的レクチャーの中で、環境部と教育部のツートップ体制の構築こそがこの推進体系樹立のかなめであることを考慮したものであることを図 19 を描きながら説明した。つまり日本の場合と同様に、韓国でも環境部は一貫して環境教育という言い方をしてきたのに対して、教育部は日本の文科省と同様に傘下にユネスコ韓国委員会を置いているので、ESD へのこだわりが強い。そこで双方が納得するであろう EEfS としたとのことである。また、EEfS とした理由を、ESD は多様な分野から構成されているが、その根底にあるのは環境教育であるから環境教育（EE）の名称を外すことはできないということであった。

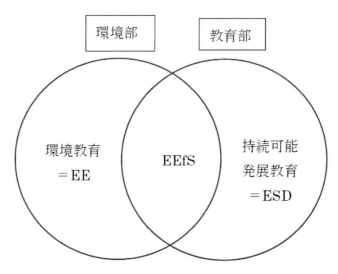

図 1 イジェヨン教授による EEfS の名称採用理由説明図

　イジェヨン教授の発表要旨でも、学校における環境教育の必修化の必要性が強調されている。プロジェクト・チームは、1992年告示の第 6 次教育課程で環境科目が開設された時期を学校環境教育の普及発展の第一段階であったと捉え、今回を普及発展の第二段階と位置づけて、年間 8 時間の環境教育の必修を提案している。そして、その実現のために広域環境教育センターや統廃合された学校を環境学校として活用すべきこと、環境教育モデル校を作って拡大していくべきこと、環境学校や環境教育モデル校に環境専攻の教師を任用して配置すべきことなどを提案している。
　しかしながら、イジェヨン教授は将来の学校教育体系として、学会での発表にもパワーポイントにも盛り込まれていない次のような壮大な構想を語ってくれた。

第4章　すでに始まっている「持続可能社会型教育システム」への動き

　まず、幼稚園から高校まで EEfS を毎週 4 時間必修とさせる。そこではプロジェクト学習などをたっぷり取り入れる。その実施のために 2016 年現在で全国に約 1,350 か所あり、今後も増加する廃校を EEfS 学校とする。児童生徒は週 5 日のうちの 4 日間は本来の学校で過ごし、週 1 日は EEfS 学校にやってきて、学校の教師以外の様々な指導者の下で EEfS に取り組む。そういう体制を確立すべきである、というのがイジェヨン教授の将来構想である。

写真 9　自然の不思議さは、今の時代でも子どもをとりこにする。
　　　　韓国の小学生への自然体験活動の導入場面（元錘彬氏撮供）

117

前述の「21世紀日本の構想懇談会」が1999年に示した「義務として強制する教育」を週に3日、「サービスとして行う教育」を週に2日とする構想を思い起させるものであった。「持続可能社会型教育システム」への移行の一つの進め方として、十分に検討に値する構想であると感じた次第である。本書の付録「未来の教育ショートストーリー：20X0年の日本の社会と教育」で学校教育を週4日に削減し、残りの1日は学校外の地域の人々が運営する「持続社会学校」で学ぶ姿を設定したのは、上記のイジェヨン教授の構想からもヒントを得たものである。

おわりに

　本書では、19世紀半ばに誕生した「国民国家型教育システム」から「資質・能力重視教育システム」への変動が生じているが、今後はさらに方向を変えて新たな「持続可能社会型教育システム」に向かって進んでいくことは必然であり、すでにその動きが一部で始まっていることを述べてきた。これに関連して、奈良教育大学付属中学校の小嶋祐司郎教諭が求められる将来の教育の姿についてのわかりやすい見取り図を示しているので、紹介しておきたい。小嶋は同校の ESD 推進の中核的な役割を果たしてきており、その優れた実践の一端を佐藤学・多田孝志・筆者等の共編著『持続可能性の教育』で紹介したことがある[50]。小嶋は「主体的に価値を選ぶ力を育む学びが実現できる学校、答えのない課題を追及する学校教育へと転換するために必要なことは何か」について実践を通して考え、以下のようにまとめている。

	これまで	今の進んだ学校	求められる姿	必要なこと
学び方	個人	学級内グループ	異年齢・異文化とともに学ぶ	柔軟なカリキュラムの保証
学びの型	知覚中心	表現する・話し合う	感性を生かして全身で学ぶ	感覚目標の設定 身体性の重視
教師の役割	知識技能を与える人	ファシリテーター、体験演出者	共に生き、子どもの一生を支える	多様な教員養成と教員研修
子どもの在り様	受動的に聞く	能動的に参加する	互恵的に学び、知見を創り出す	認識と行動化をつなぐ学び
子どもの発達のとらえ	順番に段階的に積み重ねていく	ホリスティックにとらえる	構造的、らせん状にとらえる	幼小中高の長期的視点での指導

表7　これからの学校の学びのスタイル　～国民教育を超えて～
　　（小嶋祐司郎）[51]

表7の「今の進んだ学校」に記された事柄は、本書で述べてきた「持続可能社会型教育システム」の構成要素と相当部分で重なっている。第4章で紹介した長坂小学校と同様に、多くの「今の進んだ学校」は、確実に「持続可能社会型教育システム」を見据えた教育に着手していることが理解できる。そして、それを一層進めるために「必要なこと」として「柔軟なカリキュラムの保証」や「多様な教員養成と教員研修」「認識と行動化をつなぐ学び」などが記されている。「まさにその通り！」と全面的に同意したい事柄が列記されている。

　イリッチ（Ivan Illich）が『脱学校の社会』を書いて、学校教育を一つの事例として近代社会における価値の制度化を批判してから間もなく半世紀が経過しようとしている。しかし、約150年前に誕生した学校教育制度（≒公教育制度）は、本書で述べてきたように、過去半世紀の急速な社会の変動によって大きな変容を余儀なくされてはいるが、「健在」とは言えなくてもしっかりと存在し続けている。教育が学校という形で制度化されることで、国家や産業界にとって好ましい人材を大量に育てることの有用性は今も変わっていないからかもしれない。学校の制度化によって様々な利権が発生し、学校という制度を維持しようとする力が巨大化したため永続性が保持されているからかもしれない。元々は家庭や社会の様々な場でなされていた教育という次世代を育む行為を学校制度に委ねることで、家庭や社会が果たすべき役割が大幅に軽減されている現状を当然のものとする考えも確かに蔓延している。また、学校という制度の欠陥や社会との不適合が拡大しても、「脱学校」への大きなうねりとなることがなかった背景には、その制度に乗っかることが有利という教育受容者の打算もあったであろう。

しかし、この半世紀の間に、生態系や社会の持続可能性の危機がはっきりと認識できるものになってきた中で、人類や社会が直面する課題の解決を中核的な目的とする新たな教育システムへの転換が不可欠となってきている。本書の第4章で紹介した、地域・教育魅力化プラットフォームによるまちづくりの担い手育成、日本環境教育フォーラムの学校教育への関与、長坂小学校における多文化共生社会を視野に入れた対話力育成、韓国のイジェヨン教授の「週1日のEEfS学校構想」など、生態系や社会の持続可能性の危機に直面するなかで、従来の制度化された学校中心の教育システムから、学校外を巻き込む「持続可能社会型教育システム」への転換の動きは確実に大きくなっている。

 未来学者のアーヴィン・ラズロは、前述の国立教育政策研究所と文部科学省が開催した国際シンポジウム「『持続可能な開発』と21世紀の教育」の基調講演で、「現在の持続不可能な社会の状況はつぎはぎ的な応急処置では改善できず、地球規模で互いに結びつき依存しあう文明へのシフトが求められているという洞察と、新しい持続可能な文明にふさわしい倫理、すなわち『タイムリー・ウィズダム（いまこそ必要な知恵）』の習得を促すことは、現代教育の重要な役割」という趣旨の主張をしている[52]。ラズロは、現在の世界がいかに持続不可能性に満ちているかを、国際関係、国際経済、生態環境等々から解説し、現在の社会にとって可能性のある進化の道筋は、「崩壊（ブレークダウン）」と「局面打開（ブレークスルー）」の二つの「シナリオ」であると述べ、局面打開には、新たな文明への大転換が不可欠と断じている。

 ラズロが視野に入れているのは世界全体の現実とそこから導

かれる世界規模の展開で、本書における筆者の視野の何十倍もの規模のものである。しかし、持続可能性の危機を直視した場合、大転換が必要であるという点では一致している。筆者は、教育システムの大転換の必要性を述べており、ラズロは文明の大転換を求めているが、冒頭で紹介した多田孝志の私信にあるように、教育システムの大転換が文明の大転換を導く可能性も存在する。

　まずは、教育という観点から持続可能性の危機に対する「局面打開」を目指す必要があると考えている。

補論　世界の各文化圏の合計特殊出生率から見える少子化の根本要因

　今、世界は人口の増加と減少という正反対の二つの難題に直面している。世界全体としてみた場合、21世紀はますます人口が増加し、そのことに起因する様々な課題に直面するが、他方で、人口の減少と高齢化が深刻化する国・地域も増大する。

　まず、世界全体の人口増から見ていくと、United Nations Department of Economic and Social Affairs/Population Division が取りまとめた *World population Prospects, 2017 revision* は、2017年の人口が75.5億人であるのに対し、2050年の世界人口を97.7億人（中位予測）、2100年を111.8億人（同）と予測している。同レポートの2012revisionが2050年の世界人口を95.5億人（同）、2100年を108.5億人（同）と予測していたので、世界全体の人口増加という点では事態は一層深刻化していると言える。人口増はエネルギーや食料・淡水の需要増を招き、間違いなく世界の持続可能性を脅かす難題である。

　しかし他方で、図20に示したように世界全体の合計特殊出生率は着実に低下しており、日本と同様に少子高齢化という難題に直面する国家・地域はこれから急速に増加すると見込まれている。この二つの難題に対してどのように対応すべきか。これは人類の叡智が試される極めて大きな課題であるが、この補論では、図20から日本の少子高齢化問題への対応についての一つの視点を提示したい。

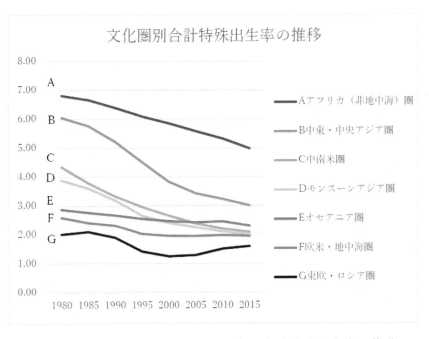

図 20　世界の文化圏別の 1980 年以降の合計特殊出生率の推移

図 20 は世界の文化圏別の 1980 年以降の合計特殊出生率の推移を示したものである。

A は地中海に面したエジプトからモロッコまでの 5 か国を除いたアフリカ諸国、B はユーラシア大陸中央部の中東とカフカス諸国、中央アジアの国々、C はメキシコ以南の中南米諸国、D はインド以東、北朝鮮までのモンスーン・アジアの国々、E はオセアニア諸国、F は西欧諸国にアメリカ、カナダ、そしてエジプトからモロッコまでの地中海沿岸の 5 か国を加えた国々、G は東欧と旧ソ連圏の国々である。このような文化圏という分け方をしてみたのは、同一文化圏に含まれる国々が、大陸別や州

補論　世界の各文化圏の合計特殊出生率から見える少子化の根本要因

別以上に似通った傾向を示すからである。例えば、アフリカの人口の多い上位 20 か国の合計特殊出生率の推移をみると、図 21 のように、大部分の国々が単調減少の傾向を見せる中で、エジプト、アルジェリア、モロッコという地中海沿岸諸国と南アフリカがいち早く合計特殊出生率を低下させ、近年は、その低下が滞っている。明らかに、アフリカ全体の動きとは異なる動きをしている。

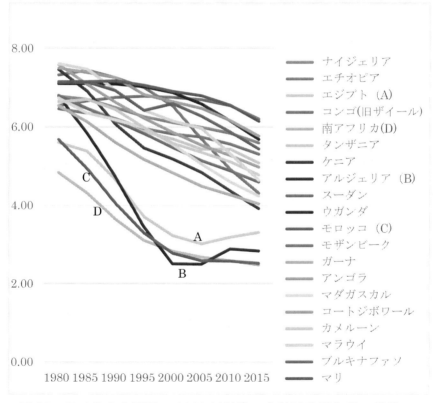

図 21　アフリカ主要国の 1980 年以降の合計特殊出生率の推移

さて、図 20 に戻ると、合計特殊出生率の世界全体での低下傾向は明らかである。上述のアフリカと同様に、あるいはそれ以上に、中東・中央アジア圏、中南米圏、モンスーン・アジア圏における合計特殊出生率の低下は著しい。特に、2015 年時点の世界人口 73.5 億の 50%強を占め、経済発展の著しいインド以東のモンスーン・アジア圏の合計特殊出生率がほぼ 2.0 まで低下していることは、世界全体の人口爆発に一定の歯止めをかけていると言える。

　モンスーン・アジア圏の国々の中では日中韓の 3 か国や台湾などは、いつから人口減少に転じるのかがすでに話題に上っているが、ほかにも合計特殊出生率 2.0 を大きく下回っている国々が存在する。

　図 22 のモンスーン・アジア圏の主要国の合計特殊出生率の推移を一目みて確認できることは、図中に点線を引いた 1.8 当たりに空白があり、日中韓の 3 か国に台湾、香港、シンガポール、そしてタイを加えた 7 か国とそれ以外の国々の間に断絶が見られることである。上記 7 か国は 1980 年代（以前）から著しい経済発展をした国々で、7 か国以外の国々は、1990 年代以降に経済発展をした国々と言えそうである。

　点線の下に位置する国々の中には、将来の人口減少と高齢化社会の到来に対する危機感から、出生数の増加を促す施策を取り入れて、合計特殊出生率の回復を図ってきたものもある。その効果もあってか、2005 年に比べると 2015 年の数値は若干向上しているように見える。ただし、将来の人口減少と高齢化を回避できるレベルのものではない。

　点線の上に位置する国々は、順調に合計特殊出生率を減少させており、今後十数年で合計特殊出生率が 2.0 を下回る国が続々と

補論　世界の各文化圏の合計特殊出生率から見える少子化の根本要因

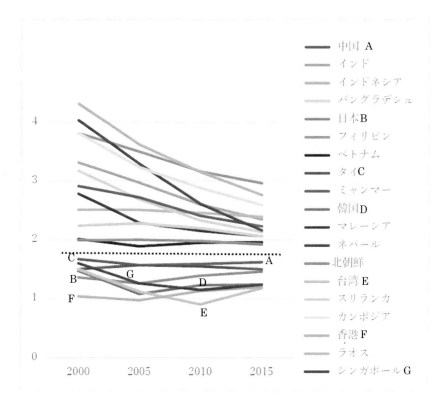

図22　モンスーン・アジア圏の主要国の合計特殊出生率の推移

誕生しそうである。そして、人口の大小を加味した場合、2015年時点で、モンスーン・アジア諸国全体としての合計特殊出生率は、図20の2.0よりももっと低くなっている可能性が存在する。

「可能性」という曖昧な表現をしたのは、人口13億以上の中国の合計特殊出生率の数値がこれまで正確に発表されてこなかった可能性が高いからである。2016年末に複数のメディアが「『中国統計年鑑2016』によると、2015年中国の合計特殊出生

率はわずか 1.047 で、これまで当局が主張した 1.6 ではないことが明らかになった」と報じている[53]。他方で、中国国家衛生計画出産委員会が 2017 年 8 月に発表した「2016 年中国衛生・計画出産事業発展統計公報」には、2016 年 1 月から始まった全面的な「二人っ子政策」の効果で、2016 年の合計特殊出生率は 1.7 を超えたと書かれている[54]。真相は現段階では明らかでないが、今後の『中国統計年鑑』が真実を明らかにするはずである。

モンスーン・アジア諸国は伝統的に稲作を主とした労働集約的な農業が展開された、人口密度の高い地域であった。しかし、モンスーン・アジア諸国でも 20 世紀半ば以降、圃場の拡大と農業機械の導入が進み、農村地帯における過剰労働力が顕在化し、人々の都市部への移住がいち早く進んでいった。そして、安価な労働力を背景として近代型の工業を発展させてきた。そのような条件の下でモンスーン・アジアでは急速な合計特殊出生率の低下がいち早く進行していった。

モンスーン・アジア圏を筆頭に中東・中央アジア圏、中南米圏で経済発展とともに合計特殊出生率が低下していることを確認できるが、それでは、どのような要因が合計特殊出生率の低下をもたらすのであろうか。

単純に GDP が上昇すれば合計特殊出生率は低下するのであろうか。それとも、経済発展によって農村人口が都市に移動し、都市人口比率が向上するからであろうか。あるいは第一次人口比率が低下することで合計特殊出生率が低下するのであろうか。いやいや、経済発展によって教育水準が向上し、婚姻年齢が上がり、子育ての経済的な負荷を考慮するために少子化が進むのであろうか。特に女性の教育水準が向上することで女性の社会

補論　世界の各文化圏の合計特殊出生率から見える少子化の根本要因

進出が進み、未婚率が上昇したり、初婚年齢が高まることで合計特殊出生率が低下するのであろうか。広い意味では教育と言えるのかもしれないが、インターネットや携帯電話が普及し、様々な情報の入手が容易になったことで多くの子どもを持つことを控えるようになるのであろうか。結婚をして家族を持つこと以上に重視する事柄が増えることで合計特殊出生率が低下するのであろうか。新自由主義的な競争社会が広がる中で、将来の生活に対する不安が拡大して合計特殊出生率が低下するのであろうか。それぞれありそうな想定で、相互に関連しあっているように見える。

　これらの文化圏における合計特殊出生率の低下の背景には、上記の推測のほかに、それぞれの国や国際機関による人口抑制政策の効果もあるであろうが、大きな要因になっているのは、やはり第一次産業人口比率の低下や都市人口比率の上昇、インターネットや携帯電話の普及による様々な情報の浸透などであろうと思われる。

　そのような中にあって、唯一 2000 年以降の合計特殊出生率が増加傾向にあるのが東欧・ロシア圏である。図 23 は東欧・ロシア圏の人口上位 14 か国の 1980 年以降の合計特殊出生率の推移を示したものであるが、すべての国で 1990 年から 2000 年にかけて急激な落ち込みが見られる。この間に何が起こっていたかは言うまでもない。1989 年末のベルリンの壁の崩壊以降、東ヨーロッパ諸国の民主化運動が一気に盛り上がり、1991 年 12 月にソビエト連邦が崩壊し、ソ連邦を構成していた共和国が続々と独立していった時期である。ほぼ同時にユーゴスラビア連邦でも内戦が激化し、その後 7 つの国に分裂していった。まがりなりにも安定していた体制が崩壊し、ほどなく新たな国家

体制が生まれたとはいえ、ほとんど先の見通しを立てることがない中で、東欧諸国の合計特殊出生率は急速な落ち込みを示したといえる。

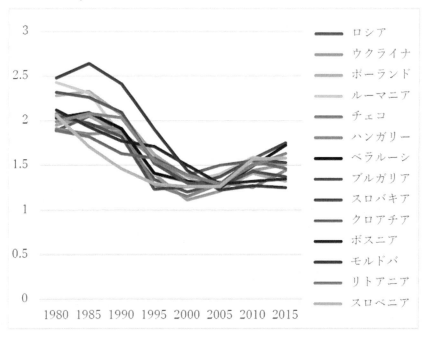

図23　東ヨーロッパ主要国の1980年以降の合計特殊出生率の推移

　前述の東ヨーロッパ諸国における2000年以降の合計特殊出生率の上昇はその揺り戻しとみてよいであろう。この東ヨーロッパ諸国の事例は、合計特殊出生率を低下させる極めて大きな要因が将来に対する不安であることを如実に示している。
　翻って、1975年以降、日本の合計特殊出生率が2.0を大きく割り込むことになった背景を考えた場合、同様の将来に対する不安が広がっていた可能性が考えられるのではなかろうか。例

補論　世界の各文化圏の合計特殊出生率から見える少子化の根本要因

えば、保育所の待機児童についても、実数としては4万人程度であっても、子どもが保育所に入れない事態を不安に思い、子どもを産むことを躊躇している夫婦の数はその数倍、数十倍にのぼっている可能性がある。そこから少子化対策を始めることは間違っていないであろう。しかし、競争を原理とする新自由主義的な社会的・経済的体制が前面に出てきたことで、将来に不安を感じる若者が増加したことこそが、合計特殊出生率を低下させる根本的な要因となっていた可能性もきわめて高い。そうであるとすると、やはりその根本にある新自由主義的な社会的・経済的体制を修正しなければ、本当の効果には結びつかない。そして、そのような競争を原理とする新自由主義に寄り添うような「資質・能力」重視の教育システムについても、持続可能な社会の構築に向かうものに転換される必要がある。

　なお、本補論に示したグラフは、「世界経済のネタ帳　世界の合計特殊出生率ランキング」[55]のデータを筆者が加工・作図したもので、上記サイトでは、データの出典はWORLD BANK・Data Indicatorsとされている。

注・文献
(1) フィリップ・コトラーら(2010)『コトラーのマーケティング3.0』朝日新聞出版、原著は *Marketing 3.0: From Products to Customers to the Human Spirit Hardcover* (2007) by Philip Kotler et. Wiley. なお、コトラーはその後マーケティング4.0という概念を提示しているが、4.0はデジタルマーケティングという概念を中心に据えただけで、マーケティング3.0を補完するものである。
(2) コトラーは『コトラーのマーケティング3.0』(p.19)の表で、マーケティング3.0を価値主導のマーケティングと位置づけ、その目的を「世界をより良い場所にすること」としている。しかし、全体の締めくくりと受け取れる本論の最後に「環境の持続可能性を推進している企業は、マーケティング3.0を実践しているのである。」(p.239)と書いており、マーケティング3.0は持続可能性を志向するマーケティングといってよい。
(3) 阿部治、川嶋直編(2011)『次世代CSRとESD 企業のためのサステナビリティ教育』、ぎょうせい。同書の第2章では新谷大輔が「CSR3.0 本業とCSRの統合」を書き、また総括では中野民夫がマーケティング3.0とともにCSR3.0に言及している。
(4) 佐藤学(2012)『学校見聞録』、小学館、p.98他
(5) 諏訪哲郎(2015)「コラム ESDの訳語をめぐって」、『持続可能性の教育』(佐藤学、木曽功、多田孝志、諏訪哲郎編著、教育出版、p.33-34。本コラムでは、国際的な議論の進展課程でSDのdevelopmentが他動詞の「開発」から自動詞の「発展」に変化したこと、この変化を受けて中国や韓国では2000年ごろから「発展」が定着していることなどを述べた。
(6) 原著は1899年に同文館より刊行。複製が1982年に日本図書センターより教育名著叢書6として刊行。
(7) 原著は1912年に弘学館書店より刊行。複製が1972年に明治図書出版より世界教育学選集69として刊行。なお、及川が主張するグループ学習は、能力別のグループ学習である。
(8) 文部科学省ホームページ
http://www.mext.go.jp/b_menu/hakusho/html/others/detail/1318313.htm
(9) 同上
(10) 国立教育政策研究所(2005)『教育課程の改善の方針,各教科等の目標,評価の観点等の変遷 ― 教育課程審議会答申,学習指導要領,指導要録(昭和22年～平成15年) ―』、p.15
(11) 同上、P.16
(12) 社団法人経済同友会(1995)「学校から「合校」へ」
(13) 首相官邸ホームページ
http://www.kantei.go.jp/jp/21century/houkokusyo/0120yousi.html

注・文献

(14) 経済審議会情報研究委員会 編（1969年）『日本の情報化社会：そのビジョンと課題』、ダイヤモンド社
(15) 国立教育政策研究所ホームページ
https://www.nier.go.jp/guideline/s30es/index.htm
(16) 国立教育政策研究所（2005）『教育課程の改善の方針，各教科等の目標，評価の観点等の変遷 ― 教育課程審議会答申，学習指導要領，指導要録（昭和22年〜平成15年）―』、p.16
(17) 同上、p.17
(18) 「よい教育？」『朝日新聞』11999年5月12日（夕刊）
(19) 毎日新聞2017年4月28日
https://mainichi.jp/articles/20170428/k00/00e/040/242000c
(20) 東京都教育委員会（2017）「東京都教員勤務実態調査」
(21) 教育課程企画特別部会 論点整理 補足資料
(22) たとえば、手島利夫（2017）『学校発・ESDの学び』、教育出版
(23) 岡村美保子（2007）、学校におけるいじめ問題、『レファレンス』平成19年9月号、pp.77-93
(24) 諏訪哲二（2005）『オレ様化する子どもたち』（中公新書ラクレ）中央公論新社、pp.92-97
(25) 山田正敏（1986）「高度経済成長以降の家庭・地域のあり様と学校教育（教育の管理主義化とその1手段としての体罰）が児童生徒に及ぼし続けている多様なゆがみの存在」、『季刊教育法』64号（1986年臨時増刊号），pp.76-123.)
(26) https://外国人労働者新聞.com/foreign-worker-1805/
(27) https://www.csr-today.biz/sdgs/17goals
(28) 国立教育政策研究所教育課程研究センター（2012）『学校における持続可能な発展のための教育（ESD）に関する研究－最終報告書－』,p.9
(29) http://www.keidanren.or.jp/announce/2017/1108.html
(30) 多田孝志（2017）「深い思考の考察」、『未来を拓く教育実践学研究』（共創型対話学習研究所編）第2号、p.11
(31) Hungerford, H.R. et al.（1990）Changing Learner Behavior through Environmental Education, The Journal of Environmental Education vol.21, Issue3, p.257-270
(32) 学校の授業時間に関する国際比較調査研究会（2003）「学校の授業時間に関する国際比較調査 平成14年度 文部科学省委託研究」、国立教育政策研究所（2013）『教育課程の編成に関する基礎的研究報告書4 諸外国における教育課程の基準（改訂版）－近年の動向を踏まえて』
(33) 国立教育政策研究所ホームページ
https://www.nier.go.jp/kokusai/pisa/pdf/2015/03_result.pdf#sear

ch=%27pisa%E8%AA%BF%E6%9F%BB+%E7%B5%90%E6%9E%9C%27
（34）樋口勘次郎（1899）『統合主義　新教授法』、同文館 p.59－60
（35）https://wenku.baidu.com/view/c8b63e9d804d2b160a4ec064.html
（36）http://college.nikkei.co.jp/article/43764011.html
（37）島根県邑智郡邑南町役場定住促進課が作成した資料より
（38）上坂徹（2010）『「カタリバ」という授業——社会起業家と学生が生み出す"つながりづくり"の場としくみ』、英治出版
（39）2017年3月発行の認定特定非営利法人カラリバのパンフレットより
（40）日本環境教育学会編（2013）『環境教育辞典』、教育出版、p.95
（41）日本環境教育フォーラム編『日本型環境教育の提案（改訂新版）』、2000年、小学館、p.216
（42）日本環境教育学会編（2013）『環境教育辞典』、教育出版、p.139
（43）同上、p.139-140
（44）川嶋直（2011）「ESDにおけるE（教育）とは何か」、『次世代CSRとESD　企業のためのサステナビリティ教育』（阿部治・川嶋直編）ぎょうせい、p.185
（45）ジャパンGEMSセンター（2013）『GEMSハンドブック2013』、p.4
（46）多田孝志（2009）『共に創る対話力－グローバル時代の対話指導の考え方と方法』、教育出版、p.5
（47）多田孝志（2006）『対話力を育てる－「共創型対話」が開く地球時代のコミュニケーション－』、教育出版、p.ⅶ
（48）同上、p.8-9
（49）発表要旨は韓国環境教育学会編『2017年環境教育学会下半期学術発表大会発表論文集』（韓国語）p.64-74に掲載
（50）小嶋祐司郎（2015）「「平和」をコアにしたホールスクール・アプローチ」、『持続可能性の教育』（佐藤学、木曽功、多田孝志、諏訪哲郎編著、教育出版）、p.112-117
（51）小嶋祐司郎（2017）「主体的に価値を選ぶ力を育む「深い学び」に関する一考察」、共創型対話学習研究所編『未来を拓く教育実践学研究』第2号、p.30
（52）国立教育政策研究所教育改革国際シンポジウム実行委員会編（2005）『「持続可能な開発」と21世紀の教育：未来の子ども達のために今、私たちにできること　－教育のパラダイム変換－』、国立教育政策研究所
（53）例えば、http://www.epochtimes.jp/2016/11/26358.html
（54）http://japanese.cri.cn/2021/2017/08/22/162s264458.htm
（55）http://ecodb.net/ranking/wb_tfrtin.html

（＊上記注のURLの最終確認は2018年3月1日）

付録　未来の教育ショートストーリー：20X0年の日本の社会と教育

外国人移住者による地域の再活性化

　金曜日の午前、「年長者から聞き出す日本の近現代史」というプロジェクト学習の現地調査としてアリヤやミッチー、ショウらは、長老イシ爺と妻のハナ婆の家を訪ねていた。近現代史というのはおおむね21世紀になって情報化と国際化が加速し、AI搭載のロボットが次々と人間の労働を肩代わりするようになってから後の時代である。アリヤは15才、ミッチーが13才、ショウは11才である。異なる年齢の子どもたちが一緒になって一つのプロジェクトを進めていく学びは、2030年ぐらいから増えてきた。

　その日の午後には、アリヤやミッチー、ショウらは、イシ爺の仲間たちと畑で農業体験を行うことになっている。食料の大半が植物工場で生産されるようになっているのに、子どもたちが昔流の農業体験を週1回行うのは、デジタルな環境、ヴァーチャルな環境の氾濫によって精神的に不安定な子どもが続出するようになったことから、教育プログラムに取り入れられるようになったのである。

　長老イシ爺は、子どもたちに過去50年間に日本の社会や地元の地域がどのようにして、今のような姿になっていったのかを語り始めた。

　「日本の人口が減り始めたのは、今から50年ほど前だが、中山間地域ではそれ以前から高齢化と人口減少が進んでいた。買

い物ドローンや介護ロボットの導入などで不便さの一部は解消された。しかし、住人の減少によって空き家が増え、耕作放棄地が増え、獣害が増え、そのことでまた人々が地域を離れていくという悪循環が進み、みんな段々と心細くなっていった。一部の地域では都会から若者が田舎に移り住む《田園回帰》によって活気が戻り、子どもたちも増えたが、若者の田園回帰と無縁な地域が大半だった。

　やがて『外国人移民の受け入れ解禁』を求める地方の声が大きくなり、地方から段階的に外国人の移民を受け入れるようになっていった。海外から中山間地域に入植した人たちは崩壊寸前だった空き家を改築し、耕作放棄地を農地によみがえらせていった。2010年代には、シカやイノシシ、サルなどの獣害がこの地域の最大の課題の一つだったが、海外からの入植者の中には日本での獣害増加を知って、それをチャンスと考えて日本にやってきた人もいた。野生動物の捕獲技術が優れていただけでなく、捕獲後の調理方法でも多彩なものを持っていた。日本人の多くはサル料理には最後まで抵抗したけど、冷凍したり真空パックにして母国に送って相当な収入を得ていた人もいた。

　移民の中には、生活習慣も違い、言葉も違っていたので、最初のうちは地元の人と外国からきた人の間でトラブルが絶えなかった。しかし、双方を融和させるためにお祭りなどのイベントを繰り返していたらいつの間にか問題はなくなっていった。特に、年配の人たちは最初のうちは大いに抵抗してたが、何かと手助けしてもらうことが多かったので、打ち解けるのも早かった。お祭りなどのイベントを企画実行するという点でも、地域・学校コーディネーターとしてこの地域に入ってきた若者たちの働きは素晴らしかった。

付録　未来の教育ショートストーリー：20X0 年の日本の社会と教育

　私が教員になった当初は、クラスの生徒は全員日本人だったけど、停年を迎えるころには 5 分の 1 ほどが外国からきた人の子どもたちになっていた。でも、最近は外国から入植する人がめっきり減ったねえ」
「それは、今ではどの国もどの国も人口が減り始めているからですよ」とアリヤやミッチーらは最近得た知識をイシ爺やハナ婆に披露した。アリヤの両親の母国タイでは 21 世紀初頭までは緩やかな人口増加が続いていたが、人口の都市域への集中とともに出生率が減少し、21 世紀の初めには合計特殊出生率は 1.5 まで下がっていた。その結果 2040 年ごろから人口減少が始まり、今では少子高齢化国家の仲間入りをしている。
　「そうだね。確かに 21 世紀に入って途上国でも人口の都市集中が進んだからねえ。都市部の出生率は農村部の出生率よりはるかに低い傾向だったので、早晩、途上国での人口増加も頭打ちになり、人口減少に転じると予想してたけど、実際にそうなっているんだね」とイシ爺は納得し、話を続けた。

地域再生のもう一つの立役者：《持続社会学校》
　「この地域に限らず、日本の農村地域に活気が戻ってきたもう一つの理由は、2030 年ごろから始まった学校教育制度の大改革だった。今では当たり前になっている《持続社会学校》への登校の推奨が発端だった。持続可能な社会の創り手をどのように育むかという議論の中で、従来の学校とは別に、統廃合された学校の校舎や自然学校を使った《持続社会学校》を認定し、そこでの学習時間も学校教育に求めていた授業時間数に組み込むことができるという制度を文科省が容認した。そうしたところ、先進的な自治体や私立学校がすぐに NPO や 自然学校と連携し

て《持続社会学校》を開設していった。それまでにもアクティブ・ラーニングは学校に浸透していたけど、本当の学力に結びつくのはプロジェクト学習だとわかっていた。でも、本格的なプロジェクト学習はそれまでの学校ではやりにくかった。そこで、《持続社会学校》を利用したプロジェクト学習の導入で、学力向上と全人教育を進めようとしたわけだ」

「《持続社会学校》は、最初は《持続可能な社会のための学校》と言われてて、英語では"School for Sustainable Society"、略して SSS《エスエスエス》ともいってた。でも、アルファベット 3 文字の言い方に批判的な見方をする人も多く、結局「持続社会学校」に落ち着いた」

それまで無言で話を聞いていたハナ婆が口をはさんだ。

「爺さんはことのほか「持続社会学校」の設立に熱心で、『今の学校を辞めて持続社会学校に賭ける』と言い出した。でも、息子や娘の教育にお金がかかる時期だったから思い留まってもらって、《持続社会学校》をサポートする NPO での活動で我慢してもらった。それでも、爺さんが強く主張していた『学年廃止』『50 分刻みの時間割廃止』『コーディネーターの充実』などは《持続社会学校》の基本になっていったから、爺さんもかなり貢献したんじゃないかしら。しばらくすると《持続社会学校》の専従職員にも一般の学校の教員と同等の給与を支給する制度ができたから、《持続社会学校》への就職熱が高まっていったの」

イシ爺が再び説明を始めた。

「本格的に《持続社会学校》が地域の活性化に貢献することになったのは、改革の第 2 弾が打ち出されてからだった。国が、『従来の学校への登校は週 4 日以下に、《持続社会学校》への登校を週 1 日以上に』というガイドラインを定めたのが大きかっ

付録　未来の教育ショートストーリー：20X0年の日本の社会と教育

た。平均すると一日12時間労働という教員の過剰労働に苦慮していた学校側もすぐに賛成した。子どもたちが登校しない日に落ち着いて教材研究ができると先生たちも喜んだ。子どもたちが登校しない曜日は学校によって違っていたので、授業のない日にほかの学校の授業を参観する《授業研究》も盛んになっていった。先生たちの授業の質が大幅に向上したのはこのころからだったな。産業界が《持続社会学校》での学習方法に好意的だったことも国や自治体を動かしたといえる。その結果、子どもたちが中山間地域に戻ってきただけでなく、《持続社会学校》の指導者やコーディネーター、サポーターが都会から地方に移り住み、そのような若者同士が結婚して子ども増えていった」

「都会の殺伐とした人工的な環境より、自然の豊かな地域の方が子育てには適しているからねぇ。なんといってもこの地域だったら人間同士の心を開いた会話ができる」とハナ婆。

「私らが生まれた1970年代ぐらいからは、《新自由主義》とか言われていたけど、世の中全体が競争の原理で動いていて、学校も市場の原理を持ち込めば活性化できるとか、《資質・能力》の向上を教育の第一義とする考え方が当然視されていた。

風向きが変わったのは、2015年の国連持続可能な開発サミットで《持続可能な開発目標》つまりSDGsが採択されたころからだ。2017年には経団連も企業行動憲章を改訂してSDGsに正面から取り組む姿勢をはっきりさせた。産業界が徐々に徐々に変わっていき、教育の世界もそれに後押しされるように変わっていった。

生態系や社会の持続可能性の危機が迫る中で、それまでの個人の資質・能力を追求する《資質・能力重視教育システム》に代えて、《持続可能社会型教育システム》の構築を目指すべきだ、

という考えが徐々に広がっていき、その流れが今の《持続社会学校》、つまり《持続可能な社会のための学校》の誕生につながっていった。

　SDGsが発表された当初、日本の教育関係者の多くは、SDGsの第4のゴール《質の高い教育をみんなに》を日本では達成できていると勘違いしていた。ターゲット4.7に『すべての学習者が、持続可能な開発を促進するために必要な知識及び技能を習得できるようにする』と書かれていることまでちゃんと読んでなかったようだ。しばらくして、『海外の学校教育の変化を見ていると、どうも日本の学校教育でやっている程度の《持続可能な社会づくり》を意識した教育では不十分らしい』という認識が文科省や中教審の中に広がっていったことも、《持続社会学校》の普及に繋がっている。そういう点では、あらゆる人や組織に対して《持続可能な開発》に関わることを求めたSDGsはかなり大きな意味があったということだろうな」とイシ爺は振り返った。

地産地消型のエネルギー供給
　「ところで、エネルギー源の変化についても話を聞かせてください」とショウが話題を変えた。
　「そう言えば、発電の方法もこの50年間に大きく変わったなあ。政府は福島原発事故の後も、原発に未練があったようだけど、太陽光や風力、小水力といった再生エネルギーのコストがどんどん下がっていって20年ほど前には完全に脱原発に転換した。原発の稼働はストップしたけど、廃炉作業はまだまだ延々と続いているけどね。
　コストだけでなくエネルギー変換効率も大幅にアップした。

付録　未来の教育ショートストーリー：20X0年の日本の社会と教育

　福島の原発事故があったころは、光エネルギーを電気エネルギーに変換するソーラーパネルの変換効率は15％程度だったけど、今では30％ほどになっている。この地域は日照条件がよかったので、2020年前後にはメガソーラーの新設ラッシュで、町の全域がソーラーパネルで覆われるかの勢いだった。しかし、過剰なメガソーラー設置に対する反対運動が盛り上がり、ソーラーパネルの設置条件が厳しくなって、2030年ぐらいにはメガソーラーの新設も少なくなった。代わりに新規建造物の屋根にソーラーシステムを設置することが義務づけられた。それ以来、ソーラーシステムが景観を損なう問題はほぼ解消している。メガソーラーに代わって用水路の水利権開放に伴って小水力発電を設置するのがブームになったけど、これも2030年ごろまでには一通り設置が完了してしまった。うちの家の電気の大半は、裏の用水路に取り付けた小水力発電機から供給されている。
　再生エネルギーは天候や風力に依存するので、安定供給に課題があり、基本エネルギーにはなりえないという論調もあったけど、蓄電システムや電力供給システムの飛躍的な進展によって、次第に再生エネルギーが主流になり、さらに分散型のエネルギー供給体制が進んでいった。スマートグリッドなどの省エネ施設の普及や電化製品のエネルギー効率の向上で、消費電力が減少したし、水素で発電する小型の燃料電池型発電所が各集落に設置されていって、電力の地産地消が進んでいった。」
　「イシ爺さん、小型の燃料電池に使う水素はどこから運ばれているのか知ってますか？」最近知ったばかりの知識を披露したくてうずうずしていたショウが問いかけた。
　「さて、どこから来ているのかねえ」とイシ爺は知らぬふり。
　「アラビア半島の広大な砂漠に広大なスーパーメガソーラー

が作られて、そこで発電された電気を使って水を電気分解して水素を作っているんです。それを液化して昔液化天然ガスを運搬していた船を利用して日本まで運んでいるんです」

「ほー、なるほどなるほど。ショーは物知りだねぇ。それで火力発電所からこの集落への電力供給も必要がなくなって、10年ほど前には県外から電力を運ぶ送電線も撤去されたわけだ。そういえば、ガソリン式の自動車もガソリンスタンドもなくなったなあ」

「そうそう、一時は爺さんがガソリンと電気の両方で走るハイブリッド車を自慢していたけど、あれよあれよという間に電気自動車一色になっていったね」とハナ婆が話を引き継いだ。

「やはり中国の影響が大きかったな。2015年ごろには中国が自動車の生産でも消費でも世界の断トツトップの位置にあったが、大気汚染も大変なレベルに達していた。そこで、中国では確か2020年ごろだったと思うけど、『2025年以降、中国国内での電気自動車以外の製造・販売を禁止する』という法律を作ってしまった。最初はみんな『それは無理でしょう！』と言っていたけど、その後すぐに効率の良い中国産の電気自動車がどんどん製造販売されていって、世界の自動車産業を牛耳るようになっていった。その後長い間中国が電気自動車業界のトップを走っていたことは君たちも知ってる通りだ」

植物工場の出現と商店街の消滅

「この地域の景観を変えたという点では、大手企業による大きな植物工場が数か所作られたことも大きな変化だ。大手野菜ジュースメーカーや無農薬野菜の生産流通会社が農地を借りたり買い取って、高さが10メートルにもなる植物工場を次々と建

付録　未来の教育ショートストーリー：20X0年の日本の社会と教育

設していった。食品に対する安全志向と健康志向が東アジア全域に広がる中で、日本製の野菜や野菜ジュースの輸出は今も順調のようだね。だけど、私たちのような古いタイプの人間は、しっかりと太陽の光を浴びた、形は多少おかしくても野菜独特の香りの強いものが絶対いい。午後は君たちと一緒に野菜を収穫するので、植物工場からサンプルとしてもらってきた野菜を食べ比べてみるといいね。

　町の様子の変化としては駅前の商店街もなくなってしまったなあ。高速道路の出口にショッピングセンターができて、50年前にはすでに駅前の商店街は、シャッター通りになってしまっていた」

　「『シャッター通り』って何ですか？」とショー。

　「ああ、『シャッター通り』ももう死語か。お客さんが来ないので、休日でもないのに店を開けずにシャッターを下ろしたままの店が並んだ通りのことだよ。その後、世代が変わり、建物の建て替え後には店舗部分を設けなくなったので、今では駅前商店街ではなく、ただの駅前住宅街になっているな」

　「ショッピングセンターの様子も相当変わったのよ。昔は本屋さんや酒屋さんもあったけど、本やお酒なんかはみんなネットで注文して配達してもらうようになったから、店が必要なくなった。爺さんは『本屋を守れ！ネットで買うな！』と主張していたけど、本屋がなくなってからは、『おい、この本を手に入れておいてくれ』と私に言うだけ。自分では決してネットで注文しない頑固さは立派なものだけど」

　「そんなことはどうでもいい。それよりも出版社が紙に印刷した本を作らなくなって、電子書籍ばかりになってきている。ページをめくる至福の時間をこれからの人たちが持てなくなろ

うとしていることこそが大問題なんだ。そのページを読み終わったらセンサーが感知して勝手に次のページが現れるなどというのは人権侵害も甚だしい」

「あらあら、ビールが切れそうになると注文しなくても自動的に配達されてくるシステムを絶賛していたのはどこのだれかしら」

老夫婦の掛け合いからも、様々な物資の流通が大きく変化してきたこと、その背後に様々な分野で人口知能 AI やいろんなモノがインターネットと接続される IoT が浸透していることに三人は気づかされた。

インフラの劣化と未来への負債

昼休みが近づいてきたことに気づいたミッチーが、夫婦の掛け合いに割って入り、劣化の進んでいるインフラについて質問した。イシ爺はあごひげに手を添え、天を仰ぎながら話し始めた。

「若い君たちには本当に申し訳ないことだけど、昔、人口も増え、経済も順調に発展していた時代に、将来のことを十分に考えないまま、いろんなものを作りすぎた。人口が減少し、国や地方の財政規模が縮小した今、すべての橋や道路、公共施設を昔のように補修していくことができなくなっている。今は、使用頻度の低い建物を取り壊して、メンテナンス費用を少なくするので手一杯というところだろうね。でも、橋の塗装などは最優先でやっておかないと、大きな被害に結び付きかねない。温暖化が進んで、台風や集中豪雨の被害が増えているので、河川の護岸工事もしっかりやっておかねばならないんだが、そこにも手が回っていない。

付録　未来の教育ショートストーリー：20X0年の日本の社会と教育

　本当のことを言うと、人口が減り始めてからでも、多くの反対を押し切って工事を始めてしまったものがたくさんある。日本の真ん中を横断する高速道路も反対を押し切って作ってしまったけど、途中の地域は観光客も通過してしまうだけで、かえってさびれてしまった。周辺は人口減少地域ばかりなので、利用者も当初の見込みを大きく下回っている。時間の経過とともに、維持する費用が増加するのだが、どうするつもりなのだろう。

　反対を無視して強引に着工してしまい、多くの資金を投入してしまったけど頓挫してしまっているのがリニア中央新幹線だ。最初の触れ込みでは、東京・名古屋・大阪の三大都市圏を1時間でつなぐことによって、人口7000万人の巨大首都圏を生み出し、経済を活性化させる、ということだった。けれども、事業が認可された2014年にはもう日本の人口は減少し始めており、情報通信技術の進展でビジネスパーソンの出張がどんどん減少することは目に見えていた。2020年ごろには経費節減もあって、よほどの極秘会議でもない限り、スカイプを使った会議が一般的になっていた。それにもかかわらず、首都圏と関西圏の間の移動者は増えると根拠なく主張し続けて強引に着工してしまった。全体の86%を占めるトンネルを掘削した残土をどうするのかとか、地下水脈を断ち切ることによる水涸れを防ぐことができるのかとか、工事の着工前から難題山積だった。それらに対する明確な見通しのないまま着工していった。

　しかし、片道一車線しかない道路を1日に何百台もの残土をつんだトラックが通るというような杜撰な計画だったから、住民の反対運動や工事差し止め訴訟、不正入札の発覚などで、工事は遅れに遅れていった。最初は2027年に品川と名古屋の間

が開通という計画だったが、みんなも知っているように工事は止まったままだ。工事が遅れ、時間が経つにしたがって、国全体の人口減少問題が深刻化し、リニア新幹線の利用者予測が下方修正された。時間とともに工事費も膨れ上がり、資金も調達しにくくなっていった。

みんなも知っているように2020年ごろからは世界中で「脱炭素革命」が起こり、日本の政府が内外で推進していた石炭火力発電に対して、世界中から厳しい批判が寄せられるようになった。そして、批判の矛先が、新幹線の3倍もの電力を消費するリニア新幹線にも向けられていった。最近の政権は、「工事再開宣言は選挙にマイナス」と考えるようになって塩漬けを決め込んでいる。たとえ品川・名古屋間が40分ほどで結ばれるとはいえ、大部分がトンネルということはずっと脳ドックの中にいるようなものだ。もし完成したとしても、私は一度だっていやだけど、一度経験したら二度と乗らないという人が圧倒的だと思う。

そもそも時速500キロ以上の列車をいつ再び動き出すかわからない中央構造線やフォッサマグナを突っ切って走らせようという発想自身、正気の沙汰ではなかったが、きっと様々な金が動いたんだろうね。

2030年以降は、リニア中央新幹線に代表される社会合理性にも経済合理性に合わない公共事業がほとんど姿を消すようになった。それというのもAIを用いた事業合理性評価システムが導入され、その数値の公表が義務づけられたことが大きい。AIに可能な限りの情報を与えてその事業の合理性を評価するシステムでは、市民側からも様々な投入すべき情報が寄せられ、AIがその情報の合理性を判断して決定する機能も搭載されていた。

付録　未来の教育ショートストーリー：20X0年の日本の社会と教育

環境に対する負荷も、AIによってきっちりと評価されるようになって、《持続可能性評価基準》として確立していった。その結果、一部の権力者が自分に都合のよい事業をゴリ押しできなくなった。囲碁や将棋の世界で人間がAIに勝てなくなったことは残念だったけど、AIの判断能力が合理性のない公共事業をストップさせたわけだから、その点ではAIは大きな貢献をしてきたといえる。

とはいえ、原発の廃炉問題もそうだけど、それ以前の愚かな判断が若い君たちに大きなマイナスの遺産を残してしまったね。実に申し訳ない」と、イシ爺は深々と頭を下げた。

昼食後、アリヤたち三人は、長老イシ爺とその仲間たちの畑で収穫体験をさせてもらった。外国人観光客にも、《収穫体験＋温泉＋有機野菜膳＋古民家宿泊》というパック旅行が大人気で、その日もいろいろな国から来た十数人の人々が収穫体験に参加していた。スマホの自動翻訳アプリのおかげで、相互のコミュニケーションはまったく問題なく、お互いの国の自慢話や困っていることなどを披露しあう楽しい時間を共有することになった。

イシ爺とハナ婆、そして仲間たちの平均年齢85歳集団は、嬉々として収穫に励み、掘り起こしたニンジンの泥をふき取ってそのままパクリ。「いやあ、今年もしっかりニンジンの香りがある。実にうまい」と満足気であった。

アリヤたち三人は、収穫体験での汗をシャワーで流した後、その日学んだ事柄を振り返り、簡単なレポートを作成して、専任コーディネーターにメールで送付した。さらに、意見を交換して、次週以降の「年長者から聞き出す日本の近現代史」で話を

聞きたい人物リストを作成して、第二便として送付した。三人がリストに掲げたのは、長年、地方議会の議員を務め、公共事業の決定に深く関与してきたA氏、隣国からの早期の入植者で、野生動物の捕獲と調理のエキスパートと言われているB氏、それに植物工場における生産流通システムの責任者であるC氏である。

　この日、政府は高齢者の基準を80才以上に引き上げ、年金受給年齢も5歳引き上げる決定をした。

謝辞

　本冊子を作るきっかけの一つは、多田孝志先生から「2017年10月の上越教育大付属中学の公開研究会で何か話すように」と促され、持続可能な社会をつくる教育の在り方について考え始めたことである。もう一つは、2016年の夏ごろからアクティブ・ラーニングについての研究会を月に1回のペースで開いており、約1年が経過した段階で、未来の教育について書いた原稿を持ち寄って冊子化しようという話になったことである。そのために上越で話そうと考えていた構想を文章化していった。しかし、分担枚数を大幅に超過してしまい、研究会とは別に冊子を刊行することにした。

　そういう点では、まず第一に多田孝志先生に、そしてアクティブ・ラーニング研究会のメンバーにお礼を申し上げたい。

　冊子化のために、事例を加えたいと考え、インタビューをお願いしたり、資料や写真の提供をお願いした。島根県教育魅力化特命官の岩本悠氏をはじめとする島根県の学校魅力化に関わっている方々、今村久美氏をはじめとするNOP法人カタリバの方々、公益社団法人日本環境教育フォーラムの川嶋直理事長をはじめとするスタッフの方々、北杜市立長坂小学校の丸茂哲雄校長以下の教職員の皆さま、そしてイジェヨン（李在永）教授をはじめとする韓国環境教育学会の方々並びに日韓の環境教育の橋渡しに献身していただいているウォン・ジョンビン（元鍾彬）さんに対し、この場で感謝の意を表したい。

　また、冊子化にあたって三恵社の木全俊輔氏、井澤将隆氏に様々なアドバイスをいただき、刊行にこぎつけることができたことも付言しておきたい。

【著者プロフィール】

諏訪　哲郎　(すわ　てつお)

1949年宮崎県生まれ。東京大学理学系研究修士課程終了、理学博士。

学習院大学文学部教育学科教授。日本環境教育学会会長。杉並区立西田小学校学校運営協議会会長。NPO日中韓環境教育協力会代表。主な編著書『加速化するアジアの教育改革』、『沸騰する中国の教育改革』(以上東方書店)、『持続可能性の教育』(教育出版)。編集責任『日本環境教育辞典』(日本環境教育学会編、教育出版)、『アクティブ・ラーニングと環境教育』(日本環境教育学会編、小学館)。

学校教育　3.0
国民国家型教育システムから資質・能力重視教育システムを経て持続可能社会型教育システムへ

2018年4月11日　初版発行

著者　諏訪　哲郎

定価(本体価格1,500円+税)

発行所　株式会社　三恵社
〒462-0056 愛知県名古屋市北区中丸町2-24-1
TEL 052 (915) 5211
FAX 052 (915) 5019
URL http://www.sankeisha.com

乱丁・落丁の場合はお取替えいたします。
ISBN978-4-86487-811-1 C3037 ¥1500E